SKS

Der amtliche Sportküstenschifferschein
(Antriebsmaschine und unter Segel)

Begleitheft

für die Kartenaufgaben
im Fach Navigation

zur Vorbereitung auf die Prüfung

Erweiterte und aktualisierte
Ausgabe 2008

D1729023

DSV-VERLAG

Inhalt

Quellenhinweis:
Dieses Heft enthält Auszüge aus folgenden Werken: Gezeitentafeln für das Jahr 2005 des BSH (Nr. 2115);
Gezeitenstromatlas „Die Strömungen in der Deutschen Bucht" des BSH (Nr. 2347);
Leuchtfeuerverzeichnis Teil 2 des BSH (Nr. 4002); Admiralty List of Lights and Fog Signals NP 75 des United Kingdom Hydrographic Office.

Begleitheft
für die Kartenaufgaben im Fach Navigation
für den Sportküstenschifferschein

Bibliografische Information der Deutschen Nationalbibliothek
Die Deutsche Nationalbibliothek verzeichnet diese Publikation in der Deutschen Nationalbibliografie;
detaillierte bibliografische Daten sind im Internet über http://dnb.d-nb.de abrufbar.

2. Auflage
ISBN 978-3-88412-460-4
Herausgeber: DSV-Verlag
© by Delius, Klasing & Co. KG, Bielefeld

Layout: machart Jochen Meyer
Druck: Merkur Druck GmbH, Norderstedt
Printed in Germany 2008

Vertrieb: Delius Klasing Verlag, Sikerwall 21, D-33602 Bielefeld
Tel.: 0521/559-0, Fax: 0521/559-115
E-Mail: info@delius-klasing.de
www.delius-klasing.de

Einführung

Begleitheft für die Ausbildung und Prüfung zum Sportküstenschifferschein

Das vorliegende **Begleitheft für die Ausbildung und Prüfung zum Sportküstenschifferschein** stellt unerlässliches Begleitmaterial für das Lösen von Aufgaben in Seekarten dar.

Da der Sportküstenschifferschein als Nachweis für die nautische Qualifikation im Küstenbereich **weltweit** gilt, muss auch mit internationalen nautischen Publikationen gearbeitet werden. Daher wurden Auszüge aus dem britischen Leuchtfeuerverzeichnis für die Nordsee (Admiralty List of Lights – NP 75) aufgenommen.

Das Begleitheft mit den Auszügen aus den unten aufgeführten nautischen Unterlagen wird in den nächsten Jahren zur Prüfung verwendet.

Nach Festlegung des Lenkungsausschusses werden ab 01.07.2006 bei Prüfungen zum Sportküstenschifferschein die folgenden Seekarten benutzt:

- 30 *Übungskarte:*   Ostsee: Kieler Bucht
- BA 1875 *Übungskarte:* The Jade to Norderpiep including Helgoland

Die deutsche Seekarte 30 und die britische Seekarte 1875 wurden vom Bundesamt für Seeschifffahrt und Hydrographie (BSH) bzw. vom DSV-Verlag im Sommer 2005 als Übungskarten neu aufgelegt. Die Seekarte 30 ist auf den Stand vom 3. VI. 2005, die britische Seekarte 1875 auf den Stand V.2005 eingefroren. Es ist daher beim Kauf auf dieses Erscheinungsdatum zu achten. Auf diese Karten sind die in diesem Begleitheft enthaltenen Auszüge aus den Leuchtfeuerverzeichnissen abgestimmt.

Jeder Bewerber muss die beiden Seekarten zur Prüfung mitbringen.

Das Begleitheft enthält im Einzelnen:

- Auszüge aus den Gezeitentafeln für das Jahr 2005: Europäische Gewässer (BSH)
- Auszüge aus dem Stromatlas „Die Strömungen in der Deutschen Bucht" (BSH)
- Auszüge aus dem Leuchtfeuerverzeichnis Teil 2 –
  Westliche Ostsee und Ostseezufahrten (BSH)
- Auszüge aus der Admiralty List of Lights and Fog Signals Volume B NP 75:
  Southern and Eastern Sides of the North Sea (Hydr. Office)
- Steuertafel
- In Minuten zurückgelegte Seemeilen

Neben dem Begleitheft ist zum Arbeiten in den Seekarten die **Karte 1/INT 1** (Zeichen, Abkürzungen, Begriffe in deutschen Seekarten) zugelassen, nicht älter als Ausgabe 2005. Außerdem werden Kenntnisse aus der Broschüre **„Sicherheit im See- und Küstenbereich, Sorgfaltsregeln für Wassersportler"** (in der jeweils aktuellen Fassung) bezüglich des Gebrauchs und der Berichtigung von Seekarten und der Betonnung von Fahrwassern vorausgesetzt.

Für das Lösen der Kartenaufgabe sind Taschenrechner zugelassen.

Der Verlag dankt dem BSH und dem Hydrographic Office für die freundliche Genehmigung zum auszugsweisen Nachdruck der erwähnten Publikationen.

Das Begleitheft darf nicht zu Navigationszwecken benutzt werden!

Für den Herausgeber

Werner Huth

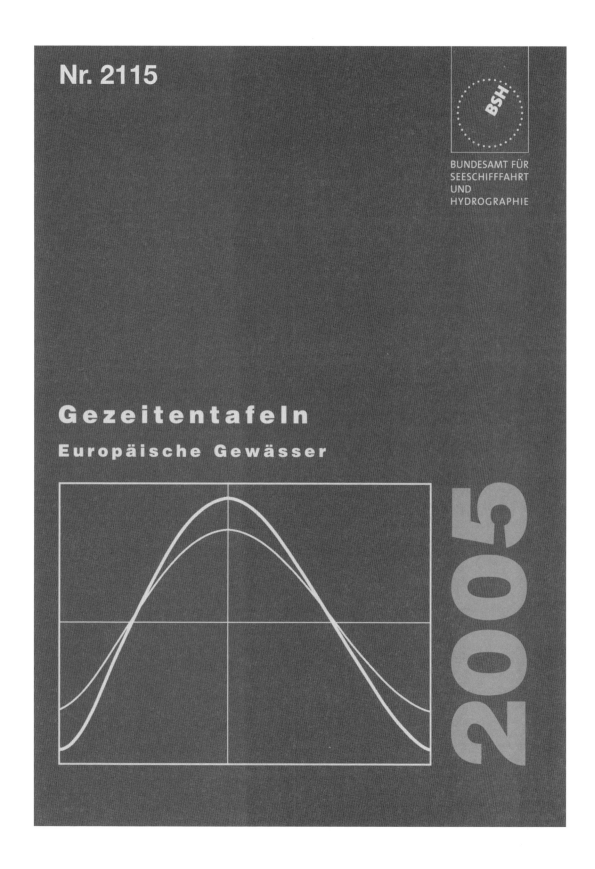

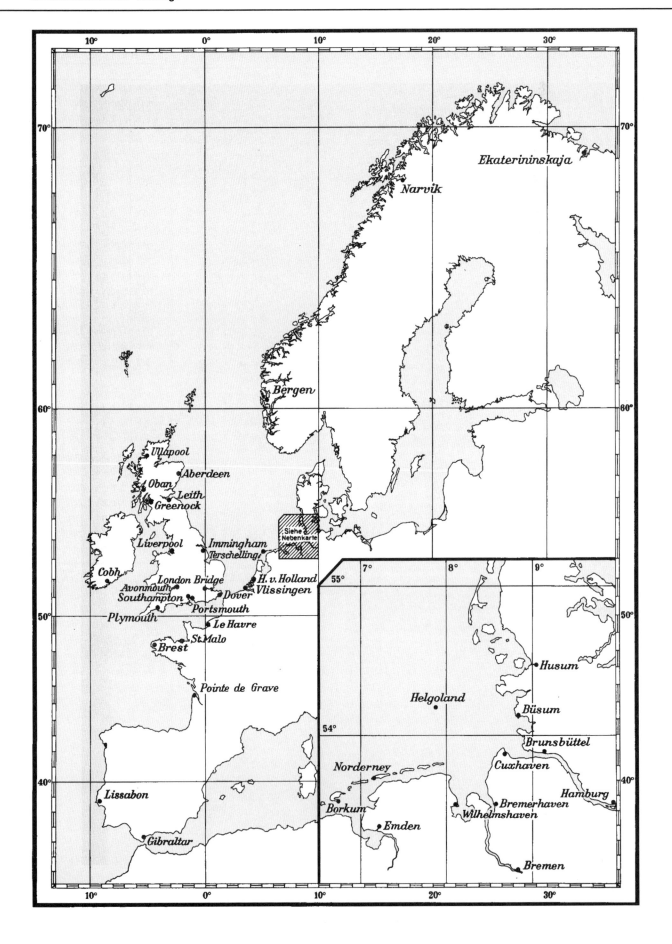

Auszug aus Teil I

Ausführliche Vorausberechnungen
für die europäischen Bezugsorte

Helgoland
Büsum
Cuxhaven
Norderney

Sommerzeit   27-3 → 30-10 !!

Helgoland 2005

Breite: 54° 11' N, Länge: 7° 53' E
Zeiten (Stunden und Minuten) und Höhen (Meter) der Hoch- und Niedrigwasser

Januar

Tag	Zeit	Höhe	Tag	Zeit	Höhe
1 Sa	2 55	3,2	**16** So	3 52	3,3
	9 43	0,6		10 49	0,5
	15 23	2,9		16 23	2,9
	21 49	0,7		22 52	0,6
2 So	3 31	3,1	**17** Mo	4 37	3,3
	10 21	0,6		11 30	0,6
	16 03	2,8		17 07	2,8
	22 29	0,7	)	23 36	0,7
3 Mo	4 10	3,1	**18** Di	5 26	3,2
	11 00	0,6		12 13	0,7
	16 46	2,8		17 56	2,8
(	23 11	0,8			
4 Di	4 55	3,0	**19** Mi	0 28	0,8
	11 43	0,7		6 21	3,0
	17 33	2,8		13 06	0,8
				18 55	2,7
5 Mi	0 03	0,9	**20** Do	1 35	0,9
	5 50	3,0		7 28	2,9
	12 40	0,8		14 15	0,9
	18 32	2,8		20 05	2,8
6 Do	1 10	1,0	**21** Fr	2 54	0,9
	6 58	3,0		8 43	2,8
	13 50	0,8		15 28	0,9
	19 40	2,9		21 18	2,9
7 Fr	2 24	0,9	**22** Sa	4 08	0,8
	8 12	3,0		9 54	2,9
	15 02	0,8		16 33	0,9
	20 49	2,9		22 21	3,0
8 Sa	3 37	0,8	**23** So	5 08	0,8
	9 23	3,1		10 51	3,0
	16 10	0,8		17 25	0,9
	21 55	3,0		23 11	3,1
9 So	4 46	0,7	**24** Mo	5 57	0,8
	10 27	3,1		11 37	3,0
	17 13	0,7		18 10	0,8
	22 55	3,2		23 52	3,2
10 Mo	5 49	0,6	**25** Di	6 38	0,7
	11 26	3,2		12 17	3,0
	18 10	0,6		18 48	0,7
●	23 49	3,2	○		
11 Di	6 46	0,4	**26** Mi	0 29	3,3
	12 21	3,1		7 15	0,6
	19 05	0,6		12 51	3,0
				19 23	0,6
12 Mi	0 40	3,3	**27** Do	1 03	3,3
	7 41	0,4		7 50	0,5
	13 17	3,1		13 23	3,0
	19 58	0,5		19 57	0,6
13 Do	1 31	3,4	**28** Fr	1 36	3,2
	8 35	0,3		8 23	0,5
	14 11	3,0		13 55	3,0
	20 48	0,5		20 28	0,5
14 Fr	2 21	3,4	**29** Sa	2 06	3,2
	9 25	0,3		8 54	0,4
	14 59	3,0		14 26	2,9
	21 31	0,5		20 59	0,4
15 Sa	3 08	3,4	**30** So	2 36	3,1
	10 08	0,4		9 26	0,4
	15 41	2,9		15 01	2,9
	22 11	0,5		21 34	0,4
			31 Mo	3 10	3,1
				10 00	0,4
				15 37	2,9
				22 10	0,5

Februar

Tag	Zeit	Höhe	Tag	Zeit	Höhe
1 Di	3 44	3,1	**16** Mi	4 42	3,1
	10 32	0,4		11 20	0,7
	16 12	2,8		17 02	2,8
	22 41	0,6	)	23 38	0,7
2 Mi	4 18	3,0	**17** Do	5 29	2,9
	11 01	0,5		12 04	0,9
	16 46	2,8		17 54	2,8
(	23 17	0,7			
3 Do	5 00	3,0	**18** Fr	0 38	0,8
	11 45	0,7		6 33	2,7
	17 35	2,7		13 12	1,0
				19 07	2,7
4 Fr	0 15	0,8	**19** Sa	2 02	0,9
	6 04	2,9		7 56	2,6
	12 54	0,8		14 39	1,0
	18 46	2,8		20 34	2,8
5 Sa	1 39	0,8	**20** So	3 32	0,9
	7 29	2,8		9 21	2,7
	14 21	0,9		16 02	1,0
	20 13	2,8		21 53	2,9
6 So	3 10	0,7	**21** Mo	4 47	0,8
	8 59	2,9		10 30	2,8
	15 47	0,8		17 05	0,8
	21 35	3,0		22 51	3,1
7 Mo	4 34	0,6	**22** Di	5 40	0,7
	10 18	3,0		11 19	2,9
	17 03	0,7		17 53	0,7
	22 46	3,1		23 33	3,2
8 Di	5 45	0,4	**23** Mi	6 22	0,6
	11 23	3,0		11 58	3,0
	18 06	0,6		18 33	0,6
●	23 43	3,2			
9 Mi	6 44	0,3	**24** Do	0 09	3,2
	12 18	3,0		6 58	0,5
	19 00	0,4		12 32	3,0
			○	19 09	0,5
10 Do	0 32	3,3	**25** Fr	0 43	3,2
	7 36	0,2		7 32	0,4
	13 08	3,0		13 03	3,0
	19 48	0,4		19 40	0,4
11 Fr	1 19	3,3	**26** Sa	1 15	3,2
	8 24	0,2		8 02	0,3
	13 55	3,0		13 32	3,0
	20 33	0,3		20 11	0,3
12 Sa	2 05	3,4	**27** So	1 44	3,1
	9 08	0,3		8 32	0,3
	14 38	3,0		14 03	3,0
	21 13	0,3		20 41	0,3
13 So	2 48	3,4	**28** Mo	2 13	3,1
	9 45	0,4		9 03	0,3
	15 15	3,0		14 35	2,9
	21 48	0,4		21 14	0,3
14 Mo	3 27	3,3			
	10 18	0,5			
	15 49	3,0			
	22 23	0,5			
15 Di	4 04	3,2			
	10 49	0,6			
	16 24	2,9			
	22 58	0,6			

März

Tag	Zeit	Höhe	Tag	Zeit	Höhe
1 Di	2 45	3,1	**16** Mi	3 30	3,1
	9 35	0,3		10 07	0,5
	15 08	2,9		15 44	3,0
	21 48	0,3		22 24	0,5
2 Mi	3 18	3,1	**17** Do	4 05	3,0
	10 05	0,4		10 35	0,7
	15 40	2,9		16 18	2,9
	22 16	0,4	)	22 59	0,6
3 Do	3 51	3,0	**18** Fr	4 47	2,8
	10 31	0,5		11 14	0,8
	16 12	2,8		17 05	2,8
(	22 49	0,5		23 52	0,8
4 Fr	4 31	2,9	**19** Sa	5 47	2,6
	11 11	0,6		12 19	1,0
	17 00	2,7		18 15	2,7
	23 46	0,6			
5 Sa	5 37	2,7	**20** So	1 13	0,9
	12 24	0,8		7 09	2,5
	18 17	2,7		13 49	1,0
				19 45	2,7
6 So	1 17	0,7	**21** Mo	2 49	0,8
	7 11	2,7		8 41	2,6
	14 02	0,9		15 23	1,0
	19 54	2,8		21 13	2,9
7 Mo	3 00	0,6	**22** Di	4 14	0,7
	8 50	2,7		9 58	2,7
	15 39	0,8		16 35	0,8
	21 25	3,0		22 18	3,0
8 Di	4 30	0,4	**23** Mi	5 13	0,6
	10 14	2,8		10 51	2,8
	16 57	0,6		17 26	0,7
	22 36	3,1		23 03	3,1
9 Mi	5 39	0,3	**24** Do	5 54	0,4
	11 17	2,9		11 29	2,9
	17 58	0,4		18 06	0,5
	23 31	3,2		23 39	3,1
10 Do	6 35	0,2	**25** Fr	6 30	0,3
	12 08	2,9		12 03	3,0
	18 48	0,3		18 43	0,4
●			○		
11 Fr	0 18	3,2	**26** Sa	0 13	3,1
	7 23	0,1		7 02	0,2
	12 51	3,0		12 35	3,0
	19 32	0,2		19 15	0,3
12 Sa	1 01	3,3	**27** So	0 45	3,2
	8 04	0,2		7 33	0,2
	13 32	3,0		13 04	3,0
	20 12	0,2		19 46	0,3
13 So	1 42	3,3	**28** Mo	1 15	3,2
	8 43	0,3		8 05	0,2
	14 09	3,0		13 34	3,0
	20 48	0,3		20 17	0,2
14 Mo	2 20	3,3	**29** Di	1 46	3,1
	9 13	0,4		8 37	0,2
	14 42	3,0		14 06	3,0
	21 22	0,3		20 51	0,2
15 Di	2 56	3,2	**30** Mi	2 20	3,1
	9 41	0,4		9 09	0,3
	15 13	3,0		14 40	2,9
	21 53	0,4		21 25	0,2
			31 Do	2 58	3,0
				9 41	0,4
				15 15	2,9
				22 01	0,3

April

Tag	Zeit	Höhe	Tag	Zeit	Höhe
1 Fr	3 38	2,9	**16** Sa	4 18	2,7
	10 15	0,5		10 41	0,8
	15 56	2,9		16 31	2,9
	22 43	0,4	)	23 20	0,7
2 Sa	4 27	2,8	**17** So	5 12	2,6
	11 03	0,7		11 38	0,9
	16 51	2,8		17 33	2,8
(	23 45	0,5			
3 So	5 37	2,7	**18** Mo	0 30	0,8
	12 19	0,8		6 25	2,5
	18 10	2,8		12 59	1,0
				18 54	2,8
4 Mo	1 17	0,5	**19** Di	1 58	0,8
	7 09	2,6		7 51	2,5
	13 58	0,8		14 31	0,9
	19 45	2,9		20 20	2,8
5 Di	2 58	0,5	**20** Mi	3 24	0,6
	8 45	2,7		9 09	2,7
	15 32	0,7		15 48	0,8
	21 13	3,0		21 30	2,9
6 Mi	4 23	0,3	**21** Do	4 27	0,5
	10 04	2,7		10 07	2,8
	16 44	0,5		16 43	0,7
	22 19	3,1		22 20	3,0
7 Do	5 24	0,2	**22** Fr	5 12	0,4
	11 00	2,8		10 48	2,9
	17 39	0,3		17 27	0,6
	23 11	3,1		23 00	3,1
8 Fr	6 14	0,1	**23** Sa	5 50	0,3
	11 46	2,9		11 25	3,0
	18 26	0,2		18 07	0,5
●	23 57	3,2		23 36	3,2
9 Sa	6 59	0,1	**24** So	6 26	0,3
	12 27	2,9		11 59	3,1
	19 09	0,2		18 43	0,4
			○		
10 So	0 40	3,2	**25** Mo	0 10	3,2
	7 37	0,2		7 00	0,3
	13 04	3,0		12 31	3,1
	19 47	0,2		19 16	0,3
11 Mo	1 17	3,2	**26** Di	0 44	3,2
	8 09	0,3		7 34	0,3
	13 36	3,1		13 03	3,1
	20 21	0,3		19 52	0,3
12 Di	1 51	3,2	**27** Mi	1 21	3,2
	8 38	0,4		8 11	0,3
	14 07	3,1		13 40	3,1
	20 54	0,3		20 31	0,2
13 Mi	2 25	3,1	**28** Do	2 02	3,1
	9 04	0,4		8 48	0,4
	14 39	3,0		14 20	3,0
	21 25	0,3		21 12	0,2
14 Do	3 00	2,9	**29** Fr	2 48	3,0
	9 32	0,5		9 28	0,5
	15 12	3,0		15 04	3,0
	21 57	0,4		21 59	0,3
15 Fr	3 37	2,8	**30** Sa	3 39	2,9
	10 03	0,7		10 14	0,6
	15 47	3,0		15 53	3,0
	22 33	0,6		22 52	0,4

● Neumond) erstes Viertel ○ Vollmond (letztes Viertel

UTC+ 1h00min (MEZ)

Bei Tiefenangaben in der Seekarte bezogen auf MSpNW: HW/NW Höhe - 0,5 m

Helgoland 2005

Breite: 54° 11' N, Länge: 7° 53' E

Zeiten (Stunden und Minuten) und Höhen (Meter) der Hoch- und Niedrigwasser

Mai

Tag	Zeit	Höhe	Tag	Zeit	Höhe
1 So (	4 36 / 11 11 / 16 54 / 23 57	2,7 / 0,7 / 2,9 / 0,4	16 Mo »	4 45 / 11 08 / 16 59 / 23 53	2,7 / 0,8 / 2,9 / 0,7
2 Mo	5 45 / 12 23 / 18 09	2,7 / 0,7 / 2,9	17 Di	5 44 / 12 12 / 18 03	2,6 / 0,9 / 2,9
3 Di	1 19 / 7 07 / 13 50 / 19 34	0,4 / 2,6 / 0,7 / 2,9	18 Mi	1 04 / 6 55 / 13 31 / 19 18	0,7 / 2,6 / 0,9 / 2,9
4 Mi	2 48 / 8 31 / 15 14 / 20 53	0,4 / 2,6 / 0,6 / 3,0	19 Do	2 20 / 8 08 / 14 47 / 20 29	0,6 / 2,7 / 0,8 / 2,9
5 Do	4 03 / 9 40 / 16 20 / 21 55	0,2 / 2,7 / 0,4 / 3,1	20 Fr	3 27 / 9 10 / 15 48 / 21 27	0,5 / 2,8 / 0,7 / 3,0
6 Fr	4 57 / 10 32 / 17 10 / 22 44	0,2 / 2,8 / 0,3 / 3,1	21 Sa	4 19 / 9 58 / 16 38 / 22 14	0,5 / 2,9 / 0,6 / 3,1
7 Sa	5 43 / 11 16 / 17 57 / 23 31	0,2 / 2,9 / 0,3 / 3,1	22 So	5 04 / 10 40 / 17 25 / 22 57	0,4 / 3,0 / 0,6 / 3,2
8 So ●	6 27 / 11 58 / 18 43	0,3 / 3,0 / 0,3	23 Mo ○	5 46 / 11 20 / 18 08 / 23 36	0,4 / 3,1 / 0,5 / 3,2
9 Mo	0 16 / 7 06 / 12 36 / 19 21	3,1 / 0,3 / 3,1 / 0,3	24 Di	6 26 / 11 58 / 18 48	0,4 / 3,2 / 0,4
10 Di	0 53 / 7 37 / 13 07 / 19 55	3,1 / 0,4 / 3,1 / 0,3	25 Mi	0 17 / 7 07 / 12 39 / 19 32	3,2 / 0,4 / 3,2 / 0,4
11 Mi	1 26 / 8 05 / 13 38 / 20 28	3,1 / 0,5 / 3,1 / 0,4	26 Do	1 04 / 7 52 / 13 24 / 20 21	3,2 / 0,4 / 3,2 / 0,3
12 Do	2 00 / 8 35 / 14 12 / 21 02	3,0 / 0,5 / 3,1 / 0,4	27 Fr	1 55 / 8 39 / 14 12 / 21 11	3,1 / 0,5 / 3,2 / 0,2
13 Fr	2 38 / 9 06 / 14 49 / 21 37	2,9 / 0,6 / 3,1 / 0,5	28 Sa	2 48 / 9 26 / 15 01 / 22 03	2,9 / 0,5 / 3,1 / 0,3
14 Sa	3 17 / 9 41 / 15 27 / 22 15	2,8 / 0,7 / 3,1 / 0,6	29 So	3 42 / 10 16 / 15 53 / 22 59	2,8 / 0,6 / 3,1 / 0,3
15 So	3 58 / 10 20 / 16 08 / 22 58	2,7 / 0,8 / 3,0 / 0,7	30 Mo ☾	4 39 / 11 13 / 16 53	2,8 / 0,6 / 3,1
			31 Di	0 00 / 5 43 / 12 17 / 18 01	0,4 / 2,7 / 0,6 / 3,0

Juni

Tag	Zeit	Höhe	Tag	Zeit	Höhe
1 Mi	1 08 / 6 52 / 13 28 / 19 13	0,4 / 2,7 / 0,6 / 3,0	16 Do	0 11 / 6 00 / 12 31 / 18 16	0,6 / 2,7 / 0,8 / 2,9
2 Do	2 20 / 8 02 / 14 41 / 20 23	0,4 / 2,7 / 0,6 / 3,1	17 Fr	1 12 / 7 01 / 13 40 / 19 23	0,6 / 2,8 / 0,8 / 3,0
3 Fr	3 28 / 9 05 / 15 45 / 21 24	0,4 / 2,7 / 0,5 / 3,1	18 Sa	2 18 / 8 04 / 14 46 / 20 28	0,6 / 2,8 / 0,8 / 3,0
4 Sa	4 22 / 9 58 / 16 39 / 22 16	0,3 / 2,8 / 0,4 / 3,1	19 So	3 20 / 9 02 / 15 47 / 21 27	0,6 / 2,9 / 0,7 / 3,1
5 So	5 08 / 10 45 / 17 29 / 23 05	0,4 / 2,9 / 0,4 / 3,1	20 Mo	4 16 / 9 54 / 16 44 / 22 21	0,6 / 3,0 / 0,6 / 3,2
6 Mo ●	5 54 / 11 30 / 18 17 / 23 53	0,5 / 3,1 / 0,4 / 3,1	21 Di	5 09 / 10 45 / 17 39 / 23 11	0,6 / 3,1 / 0,6 / 3,2
7 Di	6 36 / 12 10 / 18 58	0,5 / 3,1 / 0,4	22 Mi ○	6 00 / 11 35 / 18 31	0,6 / 3,2 / 0,5
8 Mi	0 33 / 7 10 / 12 45 / 19 35	3,1 / 0,5 / 3,2 / 0,5	23 Do	0 02 / 6 51 / 12 25 / 19 24	3,2 / 0,5 / 3,3 / 0,4
9 Do	1 09 / 7 42 / 13 19 / 20 10	3,0 / 0,6 / 3,2 / 0,5	24 Fr	0 57 / 7 43 / 13 16 / 20 19	3,2 / 0,5 / 3,3 / 0,3
10 Fr	1 44 / 8 15 / 13 55 / 20 46	3,0 / 0,6 / 3,2 / 0,5	25 Sa	1 53 / 8 36 / 14 08 / 21 12	3,1 / 0,5 / 3,3 / 0,2
11 Sa	2 21 / 8 49 / 14 32 / 21 22	2,9 / 0,6 / 3,2 / 0,5	26 So	2 46 / 9 23 / 14 57 / 22 02	3,0 / 0,4 / 3,3 / 0,3
12 So	2 59 / 9 24 / 15 09 / 21 59	2,9 / 0,6 / 3,2 / 0,6	27 Mo	3 36 / 10 10 / 15 47 / 22 52	2,9 / 0,5 / 3,3 / 0,3
13 Mo	3 37 / 10 02 / 15 47 / 22 38	2,8 / 0,7 / 3,1 / 0,6	28 Di ☾	4 27 / 11 00 / 16 40 / 23 45	2,8 / 0,6 / 3,2 / 0,4
14 Di	4 19 / 10 44 / 16 29 / 23 21	2,8 / 0,7 / 3,0 / 0,6	29 Mi	5 22 / 11 54 / 17 38	2,8 / 0,6 / 3,2
15 Mi »	5 06 / 11 32 / 17 18	2,7 / 0,8 / 3,0	30 Do	0 39 / 6 20 / 12 52 / 18 39	0,5 / 2,8 / 0,6 / 3,1

Juli

Tag	Zeit	Höhe	Tag	Zeit	Höhe
1 Fr	1 36 / 7 19 / 13 57 / 19 44	0,6 / 2,8 / 0,6 / 3,0	16 Sa	0 10 / 5 58 / 12 35 / 18 20	0,7 / 2,8 / 0,8 / 3,0
2 Sa	2 39 / 8 21 / 15 06 / 20 50	0,6 / 2,8 / 0,6 / 3,0	17 So	1 11 / 6 59 / 13 46 / 19 31	0,7 / 2,8 / 0,8 / 3,0
3 So	3 42 / 9 22 / 16 11 / 21 51	0,6 / 2,9 / 0,6 / 3,0	18 Mo	2 23 / 8 09 / 15 01 / 20 46	0,7 / 2,9 / 0,8 / 3,0
4 Mo	4 37 / 10 18 / 17 06 / 22 45	0,6 / 3,0 / 0,6 / 3,0	19 Di	3 35 / 9 19 / 16 14 / 21 56	0,7 / 3,0 / 0,7 / 3,1
5 Di	5 27 / 11 08 / 17 56 / 23 35	0,7 / 3,1 / 0,6 / 3,1	20 Mi	4 43 / 10 24 / 17 22 / 23 00	0,7 / 3,1 / 0,6 / 3,1
6 Mi ●	6 12 / 11 52 / 18 41	0,7 / 3,2 / 0,6	21 Do ○	5 46 / 11 24 / 18 24 / 23 57	0,7 / 3,2 / 0,5 / 3,1
7 Do	0 19 / 6 52 / 12 31 / 19 20	3,1 / 0,7 / 3,3 / 0,6	22 Fr	6 44 / 12 17 / 19 20	0,6 / 3,3 / 0,3
8 Fr	0 56 / 7 28 / 13 07 / 19 58	3,0 / 0,6 / 3,3 / 0,6	23 Sa	0 53 / 7 37 / 13 08 / 20 14	3,1 / 0,5 / 3,4 / 0,3
9 Sa	1 30 / 8 02 / 13 42 / 20 33	3,0 / 0,6 / 3,3 / 0,6	24 So	1 46 / 8 28 / 13 58 / 21 04	3,1 / 0,4 / 3,4 / 0,3
10 So	2 04 / 8 35 / 14 15 / 21 05	3,0 / 0,6 / 3,3 / 0,5	25 Mo	2 34 / 9 12 / 14 45 / 21 49	3,0 / 0,4 / 3,4 / 0,3
11 Mo	2 37 / 9 07 / 14 48 / 21 38	2,9 / 0,6 / 3,2 / 0,5	26 Di	3 18 / 9 52 / 15 30 / 22 31	3,0 / 0,4 / 3,4 / 0,4
12 Di	3 12 / 9 42 / 15 23 / 22 14	2,9 / 0,6 / 3,1 / 0,5	27 Mi	4 01 / 10 35 / 16 16 / 23 13	3,0 / 0,5 / 3,3 / 0,5
13 Mi	3 50 / 10 20 / 16 00 / 22 50	2,9 / 0,6 / 3,1 / 0,5	28 Do ☾	4 47 / 11 20 / 17 04 / 23 55	2,9 / 0,6 / 3,2 / 0,7
14 Do »	4 30 / 10 57 / 16 38 / 23 25	2,8 / 0,7 / 3,1 / 0,6	29 Fr	5 35 / 12 09 / 17 56	2,9 / 0,7 / 3,1
15 Fr	5 10 / 11 39 / 17 21	2,8 / 0,7 / 3,0	30 Sa	0 42 / 6 28 / 13 09 / 18 58	0,8 / 2,8 / 0,8 / 2,9
			31 So	1 44 / 7 34 / 14 25 / 20 12	0,9 / 2,8 / 0,8 / 2,9

August

Tag	Zeit	Höhe	Tag	Zeit	Höhe
1 Mo	3 00 / 8 48 / 15 44 / 21 28	0,9 / 2,9 / 0,8 / 2,9	16 Di	1 40 / 7 33 / 14 32 / 20 22	0,9 / 2,9 / 0,8 / 2,9
2 Di	4 11 / 9 57 / 16 51 / 22 32	0,9 / 3,0 / 0,7 / 2,9	17 Mi	3 10 / 8 59 / 16 00 / 21 46	0,9 / 3,0 / 0,7 / 3,0
3 Mi	5 09 / 10 53 / 17 43 / 23 22	0,8 / 3,2 / 0,7 / 3,0	18 Do	4 31 / 10 14 / 17 15 / 22 56	0,8 / 3,1 / 0,5 / 3,1
4 Do	5 56 / 11 37 / 18 27	0,8 / 3,2 / 0,7	19 Fr ○	5 40 / 11 15 / 18 18 / 23 53	0,7 / 3,3 / 0,4 / 3,1
5 Fr ●	0 04 / 6 38 / 12 16 / 19 07	3,1 / 0,7 / 3,3 / 0,6	20 Sa	6 37 / 12 07 / 19 12	0,5 / 3,4 / 0,3
6 Sa	0 41 / 7 15 / 12 52 / 19 42	3,0 / 0,6 / 3,3 / 0,5	21 So	0 43 / 7 26 / 12 55 / 20 00	3,1 / 0,4 / 3,4 / 0,3
7 So	1 13 / 7 48 / 13 25 / 20 14	3,0 / 0,6 / 3,3 / 0,5	22 Mo	1 30 / 8 11 / 13 41 / 20 45	3,1 / 0,4 / 3,5 / 0,3
8 Mo	1 43 / 8 18 / 13 54 / 20 43	3,1 / 0,5 / 3,3 / 0,5	23 Di	2 13 / 8 52 / 14 25 / 21 24	3,1 / 0,4 / 3,5 / 0,4
9 Di	2 12 / 8 47 / 14 22 / 21 12	3,0 / 0,5 / 3,2 / 0,5	24 Mi	2 51 / 9 29 / 15 06 / 21 59	3,1 / 0,4 / 3,4 / 0,5
10 Mi	2 44 / 9 19 / 14 54 / 21 45	3,0 / 0,5 / 3,2 / 0,5	25 Do	3 28 / 10 05 / 15 45 / 22 32	3,1 / 0,5 / 3,3 / 0,7
11 Do	3 19 / 9 54 / 15 29 / 22 17	3,0 / 0,5 / 3,1 / 0,5	26 Fr ☾	4 05 / 10 44 / 16 26 / 23 06	3,0 / 0,6 / 3,2 / 0,8
12 Fr	3 53 / 10 26 / 16 01 / 22 44	2,9 / 0,6 / 3,1 / 0,6	27 Sa	4 47 / 11 26 / 17 13 / 23 48	3,0 / 0,8 / 3,0 / 0,9
13 Sa »	4 25 / 10 56 / 16 37 / 23 18	2,9 / 0,7 / 3,0 / 0,7	28 So	5 37 / 12 22 / 18 14	2,9 / 0,9 / 2,8
14 So	5 05 / 11 44 / 17 31	2,8 / 0,8 / 2,9	29 Mo	0 51 / 6 47 / 13 42 / 19 34	1,1 / 2,8 / 1,0 / 2,7
15 Mo	0 16 / 6 08 / 13 00 / 18 51	0,9 / 2,8 / 0,8 / 2,9	30 Di	2 16 / 8 12 / 15 14 / 21 02	1,1 / 2,9 / 1,0 / 2,8
			31 Mi	3 44 / 9 34 / 16 33 / 22 16	1,1 / 3,0 / 0,9 / 2,9

● Neumond » erstes Viertel ○ Vollmond (letztes Viertel

UTC+ 1h00min (MEZ)

Bei Tiefenangaben in der Seekarte bezogen auf MSpNW: HW/NW Höhe - 0,5 m

Helgoland 2005

Breite: 54° 11' N, Länge: 7° 53' E

Zeiten (Stunden und Minuten) und Höhen (Meter) der Hoch- und Niedrigwasser

September

Tag		Zeit	Höhe	Zeit	Höhe	Zeit	Höhe	Zeit	Höhe
1	Do	4 52	0,9	10 36	3,2	17 29	0,7	23 07	3,0
2	Fr	5 39	0,8	11 19	3,2	18 09	0,7	23 44	3,1
3	Sa ●	6 18	0,7	11 54	3,3	18 44	0,6		
4	So	0 17	3,1	6 54	0,6	12 28	3,3	19 17	0,5
5	Mo	0 48	3,1	7 26	0,5	13 00	3,3	19 47	0,5
6	Di	1 17	3,1	7 55	0,5	13 28	3,2	20 14	0,5
7	Mi	1 44	3,1	8 23	0,5	13 54	3,2	20 42	0,5
8	Do	2 14	3,1	8 53	0,5	14 23	3,2	21 12	0,5
9	Fr	2 45	3,0	9 25	0,5	14 56	3,1	21 42	0,6
10	Sa	3 17	3,0	9 56	0,6	15 30	3,1	22 09	0,7
11	So)	3 49	2,9	10 26	0,7	16 09	2,9	22 44	0,8
12	Mo	4 32	2,8	11 15	0,8	17 07	2,8	23 46	1,0
13	Di	5 41	2,8	12 38	0,8	18 33	2,8		
14	Mi	1 20	1,1	7 14	2,9	14 20	0,8	20 13	2,8
15	Do	3 00	1,0	8 49	3,0	15 55	0,6	21 42	2,9
16	Fr	4 25	0,8	10 05	3,2	17 08	0,5	22 49	3,0
17	Sa	5 29	0,7	11 02	3,3	18 05	0,3	23 41	3,0
18	So ○	6 22	0,5	11 51	3,3	18 54	0,3		
19	Mo	0 26	3,1	7 07	0,4	12 35	3,4	19 37	0,3
20	Di	1 07	3,1	7 48	0,4	13 18	3,5	20 16	0,4
21	Mi	1 45	3,2	8 26	0,4	13 58	3,5	20 51	0,5
22	Do	2 19	3,2	9 02	0,5	14 37	3,4	21 22	0,6
23	Fr	2 52	3,2	9 36	0,5	15 13	3,2	21 51	0,7
24	Sa	3 26	3,1	10 10	0,6	15 51	3,1	22 22	0,9
25	So (	4 05	3,0	10 50	0,8	16 36	2,9	23 03	1,0
26	Mo	4 54	2,9	11 42	0,9	17 35	2,7		
27	Di	0 03	1,2	6 02	2,9	12 58	1,1	18 54	2,6
28	Mi	1 30	1,3	7 30	2,9	14 33	1,1	20 25	2,7
29	Do	3 05	1,2	8 58	3,0	16 01	0,9	21 46	2,8
30	Fr	4 21	1,0	10 06	3,1	17 01	0,8	22 40	2,9

Oktober

Tag		Zeit	Höhe	Zeit	Höhe	Zeit	Höhe	Zeit	Höhe
1	Sa	5 11	0,9	10 49	3,2	17 39	0,7	23 15	3,1
2	So	5 48	0,7	11 23	3,2	18 11	0,6	23 46	3,1
3	Mo ●	6 23	0,7	11 56	3,2	18 43	0,5		
4	Di	0 17	3,1	6 56	0,6	12 28	3,3	19 13	0,5
5	Mi	0 46	3,2	7 26	0,6	12 58	3,3	19 43	0,5
6	Do	1 14	3,2	7 55	0,5	13 26	3,3	20 12	0,6
7	Fr	1 43	3,1	8 26	0,5	13 56	3,2	20 42	0,6
8	Sa	2 15	3,1	8 59	0,5	14 32	3,1	21 13	0,7
9	So	2 50	3,1	9 34	0,6	15 12	3,0	21 48	0,8
10	Mo)	3 30	3,0	10 15	0,7	16 00	2,9	22 32	0,9
11	Di	4 21	2,9	11 11	0,8	17 05	2,8	23 40	1,0
12	Mi	5 34	2,9	12 34	0,8	18 31	2,7		
13	Do	1 13	1,1	7 05	3,0	14 14	0,8	20 07	2,8
14	Fr	2 51	1,0	8 36	3,1	15 45	0,6	21 30	2,9
15	Sa	4 10	0,8	9 49	3,2	16 52	0,4	22 32	2,9
16	So	5 08	0,6	10 42	3,3	17 42	0,3	23 19	3,0
17	Mo ○	5 57	0,5	11 28	3,3	18 28	0,4		
18	Di	0 01	3,1	6 42	0,4	12 13	3,3	19 09	0,4
19	Mi	0 40	3,2	7 23	0,5	12 53	3,4	19 44	0,6
20	Do	1 15	3,2	8 00	0,5	13 31	3,4	20 16	0,6
21	Fr	1 48	3,3	8 35	0,6	14 08	3,3	20 47	0,7
22	Sa	2 21	3,2	9 09	0,6	14 46	3,1	21 17	0,8
23	So	2 56	3,2	9 44	0,7	15 26	2,9	21 50	0,9
24	Mo	3 35	3,1	10 23	0,8	16 09	2,8	22 30	1,1
25	Di (	4 21	3,0	11 11	1,0	17 03	2,7	23 24	1,2
26	Mi	5 21	2,9	12 16	1,1	18 12	2,6		
27	Do	0 39	1,3	6 39	2,9	13 40	1,1	19 34	2,7
28	Fr	2 08	1,2	8 03	3,0	15 05	1,0	20 54	2,8
29	Sa	3 29	1,1	9 04	3,1	16 11	0,8	21 54	2,9
30	So	4 26	1,0	10 06	3,2	16 55	0,7	22 34	3,0
31	Mo	5 07	0,9	10 44	3,2	17 29	0,7	23 07	3,2

November

Tag		Zeit	Höhe	Zeit	Höhe	Zeit	Höhe	Zeit	Höhe
1	Di	5 45	0,8	11 19	3,3	18 03	0,6	23 40	3,2
2	Mi ●	6 21	0,7	11 53	3,3	18 37	0,6		
3	Do	0 11	3,2	6 54	0,7	12 26	3,3	19 10	0,6
4	Fr	0 43	3,2	7 28	0,6	13 01	3,3	19 46	0,7
5	Sa	1 18	3,2	8 06	0,6	13 40	3,2	20 22	0,7
6	So	1 57	3,2	8 46	0,6	14 22	3,1	21 00	0,8
7	Mo	2 38	3,2	9 29	0,6	15 09	3,0	21 42	0,9
8	Di	3 24	3,1	10 18	0,7	16 03	2,9	22 34	1,0
9	Mi)	4 20	3,1	11 18	0,7	17 07	2,8	23 40	1,0
10	Do	5 30	3,0	12 33	0,7	18 25	2,7		
11	Fr	1 02	1,0	6 52	3,1	14 00	0,7	19 50	2,7
12	Sa	2 29	0,9	8 14	3,1	15 21	0,6	21 05	2,8
13	So	3 43	0,8	9 23	3,2	16 24	0,5	22 03	2,9
14	Mo	4 39	0,6	10 17	3,2	17 12	0,5	22 50	3,0
15	Di	5 28	0,6	11 05	3,2	17 57	0,5	23 33	3,1
16	Mi ○	6 16	0,5	11 51	3,3	18 39	0,6		
17	Do	0 14	3,2	6 58	0,6	12 32	3,3	19 14	0,7
18	Fr	0 49	3,3	7 36	0,6	13 09	3,2	19 46	0,7
19	Sa	1 23	3,3	8 12	0,7	13 47	3,1	20 19	0,8
20	So	1 59	3,3	8 49	0,7	14 27	3,0	20 53	0,8
21	Mo	2 36	3,2	9 25	0,7	15 07	2,9	21 28	0,9
22	Di	3 14	3,2	10 03	0,8	15 47	2,8	22 06	1,0
23	Mi	3 55	3,2	10 45	0,9	16 32	2,8	22 51	1,1
24	Do (	4 43	3,1	11 35	1,0	17 27	2,7	23 49	1,2
25	Fr	5 43	3,0	12 39	1,0	18 33	2,7		
26	Sa	1 01	1,2	6 55	3,0	13 53	1,0	19 46	2,8
27	So	2 19	1,2	8 07	3,1	15 02	0,9	20 51	2,9
28	Mo	3 25	1,1	9 09	3,1	15 57	0,8	21 41	3,0
29	Di	4 16	1,0	9 58	3,2	16 42	0,7	22 22	3,1
30	Mi	5 02	0,9	10 40	3,3	17 23	0,8	23 01	3,2

Dezember

Tag		Zeit	Höhe	Zeit	Höhe	Zeit	Höhe	Zeit	Höhe
1	Do ●	5 46	0,8	11 20	3,3	18 03	0,7	23 39	3,3
2	Fr	6 27	0,7	12 00	3,3	18 43	0,7		
3	Sa	0 19	3,3	7 10	0,7	12 45	3,3	19 28	0,8
4	So	1 03	3,3	7 57	0,6	13 34	3,2	20 15	0,8
5	Mo	1 50	3,3	8 45	0,5	14 24	3,1	20 59	0,8
6	Di	2 36	3,3	9 32	0,5	15 11	3,0	21 43	0,8
7	Mi	3 23	3,3	10 22	0,6	16 03	2,9	22 34	0,8
8	Do)	4 17	3,2	11 19	0,6	17 01	2,8	23 32	0,9
9	Fr	5 19	3,2	12 21	0,7	18 07	2,8		
10	Sa	0 38	0,9	6 28	3,2	13 30	0,7	19 17	2,8
11	So	1 52	0,9	7 41	3,2	14 42	0,7	20 26	2,8
12	Mo	3 04	0,8	8 50	3,2	15 46	0,7	21 27	2,9
13	Di	4 08	0,7	9 50	3,1	16 40	0,7	22 20	3,0
14	Mi	5 03	0,7	10 43	3,1	17 29	0,7	23 09	3,1
15	Do ○	5 54	0,7	11 33	3,2	18 14	0,8	23 53	3,3
16	Fr	6 40	0,7	12 18	3,2	18 53	0,8		
17	Sa	0 32	3,3	7 19	0,7	12 56	3,1	19 27	0,8
18	So	1 08	3,3	7 57	0,7	13 33	3,1	20 02	0,8
19	Mo	1 45	3,3	8 35	0,7	14 11	3,0	20 38	0,8
20	Di	2 22	3,3	9 11	0,7	14 48	3,0	21 11	0,8
21	Mi	2 56	3,3	9 44	0,7	15 24	2,9	21 45	0,8
22	Do	3 31	3,2	10 20	0,8	16 02	2,9	22 23	0,9
23	Fr (	4 08	3,1	10 58	0,8	16 44	2,8	23 05	1,0
24	Sa	4 52	3,0	11 41	0,9	17 32	2,8	23 57	1,0
25	So	5 46	3,0	12 37	0,9	18 30	2,8		
26	Mo	1 02	1,1	6 52	3,0	13 43	1,0	19 35	2,9
27	Di	2 13	1,1	8 01	3,1	14 50	0,9	20 38	2,9
28	Mi	3 20	1,0	9 06	3,1	15 50	0,9	21 35	3,1
29	Do	4 20	0,9	10 03	3,2	16 45	0,9	22 27	3,2
30	Fr	5 17	0,8	10 54	3,2	17 37	0,8	23 17	3,3
31	Sa ●	6 10	0,7	11 45	3,2	18 28	0,8		

● Neumond   ) erstes Viertel   ○ Vollmond   (letztes Viertel

UTC+ 1h00min (MEZ)

Bei Tiefenangaben in der Seekarte bezogen auf MSpNW: HW/NW Höhe - 0,5 m

Mittlere Tidenkurven für Helgoland

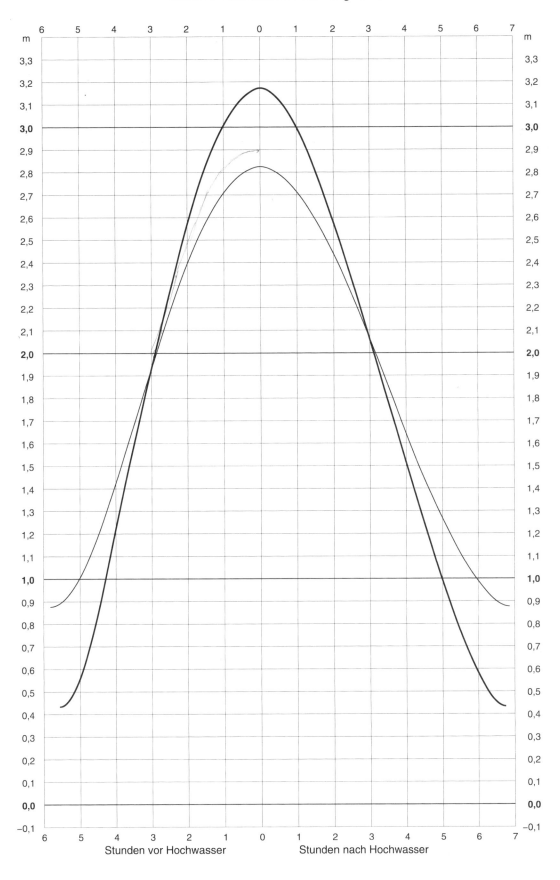

Stunden vor Hochwasser   Stunden nach Hochwasser

MSpNWH:	**0,43 m**	MNpNWH:	**0,88 m**	_____	Springtide	
MSpD (MSpSD):	**5,57 h**	MNpD (MNpSD):	**5,82 h**	_____	Nipptide	
MSpHWH:	**3,17 m**	MNpHWH:	**2,82 m**	MHW:	3,04 m	
MSpD (MSpFD):	**6,76 h**	MNpD (MNpFD):	**6,87 h**	MNW:	0,63 m	

Büsum 2005

Breite: 54° 07' N, Länge: 8° 52' E

Zeiten (Stunden und Minuten) und Höhen (Meter) der Hoch- und Niedrigwasser

Januar

Tag	Zeit	Höhe	Tag	Zeit	Höhe
1 Sa	3 48	4,0	**16** So	4 48	4,2
	9 59	0,6		11 08	0,5
	16 17	3,7		17 21	3,7
	22 12	0,7		23 14	0,6
2 So	4 25	4,0	**17** Mo	5 30	4,1
	10 36	0,6		11 47	0,6
	16 56	3,6		18 01	3,6
	22 50	0,8		) 23 55	0,7
3 Mo	5 04	3,9	**18** Di	6 15	4,0
	11 17	0,6		12 32	0,7
	17 38	3,6		18 47	3,6
	(23 32	0,8			
4 Di	5 47	3,8	**19** Mi	0 44	0,8
	11 59	0,7		7 09	3,8
	18 26	3,5		13 26	0,9
				19 45	3,5
5 Mi	0 21	0,9	**20** Do	1 47	0,9
	6 40	3,8		8 17	3,7
	12 53	0,8		14 33	1,0
	19 25	3,6		20 56	3,5
6 Do	1 25	1,0	**21** Fr	3 04	1,0
	7 46	3,8		9 34	3,6
	13 59	0,9		15 46	1,0
	20 32	3,7		22 09	3,7
7 Fr	2 38	1,0	**22** Sa	4 20	0,9
	8 59	3,9		10 46	3,7
	15 11	0,9		16 53	1,0
	21 41	3,8		23 12	3,8
8 Sa	3 53	0,9	**23** So	5 23	0,9
	10 12	3,9		11 44	3,8
	16 23	0,8		17 48	0,9
	22 47	3,9			
9 So	5 04	0,7	**24** Mo	0 02	4,0
	11 21	4,0		6 14	0,8
	17 33	0,8		12 31	3,9
	23 48	4,0		18 34	0,9
10 Mo	6 10	0,6	**25** Di	0 43	4,1
	12 24	4,0		6 57	0,7
	18 38	0,7		13 10	3,9
●				○ 19 15	0,8
11 Di	0 45	4,1	**26** Mi	1 20	4,1
	7 13	0,5		7 37	0,6
	13 23	4,0		13 45	3,9
	19 40	0,6		19 54	0,7
12 Mi	1 38	4,2	**27** Do	1 56	4,1
	8 12	0,4		8 17	0,5
	14 21	4,0		14 19	3,9
	20 41	0,6		20 31	0,6
13 Do	2 31	4,3	**28** Fr	2 29	4,1
	9 08	0,4		8 54	0,5
	15 15	3,9		14 51	3,8
	21 34	0,6		21 03	0,5
14 Fr	3 21	4,3	**29** Sa	2 59	4,1
	9 55	0,4		9 06	0,4
	16 02	3,9		15 23	3,8
	22 11	0,5		21 32	0,4
15 Sa	4 06	4,3	**30** So	3 29	4,0
	10 33	0,4		9 51	0,4
	16 42	3,8		15 57	3,7
	22 41	0,5		22 02	0,4
			31 Mo	4 04	4,0
				10 23	0,4
				16 32	3,7
				22 33	0,5

Februar

Tag	Zeit	Höhe	Tag	Zeit	Höhe
1 Di	4 38	3,9	**16** Mi	5 31	3,9
	10 54	0,4		11 43	0,7
	17 04	3,6		17 49	3,6
	23 01	0,6		) 23 52	0,7
2 Mi	5 10	3,9	**17** Do	6 16	3,7
	11 21	0,5		12 25	0,9
	17 37	3,6		18 41	3,5
	(23 34	0,7			
3 Do	5 51	3,7	**18** Fr	0 47	0,9
	11 58	0,7		7 22	3,5
	18 26	3,5		13 30	1,1
				19 57	3,5
4 Fr	0 27	0,8	**19** Sa	2 08	1,0
	6 54	3,7		8 47	3,4
	13 03	0,8		14 53	1,1
	19 37	3,5		21 24	3,6
5 Sa	1 45	0,9	**20** So	3 39	1,0
	8 18	3,6		10 13	3,5
	14 29	1,0		16 17	1,1
	21 01	3,6		22 42	3,8
6 So	3 17	0,8	**21** Mo	4 56	0,8
	9 48	3,7		11 22	3,7
	16 01	0,9		17 23	0,9
	22 23	3,8		23 39	3,9
7 Mo	4 46	0,7	**22** Di	5 53	0,7
	11 11	3,8		12 12	3,8
	17 26	0,8		18 14	0,8
	23 36	4,0			
8 Di	6 06	0,5	**23** Mi	0 23	4,0
	12 20	3,9		6 40	0,6
	18 41	0,6		12 51	3,9
				18 59	0,6
9 Mi	0 36	4,1	**24** Do	1 01	4,1
	7 15	0,4		7 23	0,4
	13 19	3,9		13 26	3,9
	19 46	0,5		○ 19 41	0,5
10 Do	1 30	4,1	**25** Fr	1 37	4,1
	8 16	0,3		8 03	0,3
	14 13	3,9		13 59	3,9
●	20 42	0,4		20 19	0,4
11 Fr	2 19	4,2	**26** Sa	2 08	4,1
	9 07	0,2		8 39	0,3
	15 01	3,9		14 30	3,9
	21 29	0,4		20 51	0,3
12 Sa	3 06	4,3	**27** So	2 37	4,0
	9 47	0,3		9 08	0,2
	15 41	3,9		14 59	3,8
	22 01	0,4		21 19	0,3
13 So	3 47	4,3	**28** Mo	3 06	4,0
	10 18	0,3		9 34	0,2
	16 14	3,9		15 30	3,7
	22 24	0,4		21 45	0,2
14 Mo	4 23	4,2			
	10 45	0,4			
	16 44	3,8			
	22 47	0,5			
15 Di	4 56	4,1			
	11 12	0,5			
	17 14	3,8			
	23 16	0,6			

März

Tag	Zeit	Höhe	Tag	Zeit	Höhe
1 Di	3 40	3,9	**16** Mi	4 20	4,0
	10 01	0,3		10 31	0,5
	16 02	3,7		16 32	3,8
	22 12	0,3		22 37	0,4
2 Mi	4 13	3,9	**17** Do	4 52	3,8
	10 28	0,4		10 57	0,6
	16 31	3,7		17 04	3,7
	22 35	0,4		) 23 09	0,6
3 Do	4 43	3,8	**18** Fr	5 34	3,6
	10 50	0,5		11 33	0,8
	17 02	3,6		17 51	3,5
	(23 02	0,5		23 57	0,8
4 Fr	5 22	3,7	**19** Sa	6 36	3,3
	11 23	0,6		12 33	1,0
	17 49	3,5		19 04	3,5
	23 53	0,6			
5 Sa	6 28	3,5	**20** So	1 15	0,9
	12 30	0,8		8 01	3,3
	19 06	3,5		14 00	1,2
				20 35	3,5
6 So	1 16	0,8	**21** Mo	2 53	0,9
	8 01	3,5		9 33	3,4
	14 08	1,0		15 33	1,1
	20 40	3,6		22 02	3,7
7 Mo	2 58	0,7	**22** Di	4 20	0,8
	9 41	3,6		10 49	3,5
	15 51	0,9		16 50	0,9
	22 11	3,8		23 07	3,8
8 Di	4 36	0,5	**23** Mi	5 23	0,5
	11 07	3,7		11 43	3,7
	17 20	0,7		17 45	0,7
	23 25	3,9		23 53	3,9
9 Mi	5 58	0,4	**24** Do	6 11	0,4
	12 15	3,8		12 23	3,8
	18 36	0,5		18 31	0,5
10 Do	0 25	4,0	**25** Fr	0 31	4,0
	7 07	0,2		6 54	0,3
	13 09	3,8		12 58	3,9
●	19 38	0,3		○ 19 14	0,4
11 Fr	1 16	4,1	**26** Sa	1 07	4,0
	8 04	0,1		7 34	0,2
	13 56	3,8		13 31	3,9
	20 28	0,2		19 53	0,3
12 Sa	2 02	4,2	**27** So	1 39	4,1
	8 49	0,1		8 08	0,2
	14 36	3,9		14 01	3,9
	21 07	0,2		20 26	0,3
13 So	2 44	4,3	**28** Mo	2 09	4,1
	9 21	0,2		8 38	0,2
	15 09	3,9		14 30	3,9
	21 34	0,2		20 54	0,2
14 Mo	3 19	4,2	**29** Di	2 41	4,0
	9 46	0,3		9 06	0,2
	15 38	3,9		15 00	3,8
	21 54	0,3		21 20	0,2
15 Di	3 50	4,1	**30** Mi	3 17	3,9
	10 08	0,4		9 33	0,3
	16 04	3,9		15 33	3,8
	22 13	0,4		21 46	0,2
			31 Do	3 54	3,9
				10 01	0,4
				16 07	3,8
				22 13	0,3

April

Tag	Zeit	Höhe	Tag	Zeit	Höhe
1 Fr	4 32	3,8	**16** Sa	5 07	3,5
	10 30	0,5		10 55	0,8
	16 46	3,7		17 17	3,7
	22 47	0,4		) 23 21	0,7
2 Sa	5 19	3,6	**17** So	6 02	3,3
	11 10	0,6		11 50	0,9
	17 40	3,6		18 21	3,6
	(23 43	0,5			
3 So	6 29	3,4	**18** Mo	0 30	0,8
	12 21	0,8		7 17	3,2
	18 58	3,5		13 09	1,1
				19 45	3,6
4 Mo	1 08	0,6	**19** Di	2 01	0,8
	8 02	3,4		8 43	3,3
	13 59	0,9		14 40	1,0
	20 33	3,6		21 11	3,6
5 Di	2 49	0,5	**20** Mi	3 29	0,7
	9 40	3,5		10 01	3,5
	15 40	0,8		15 59	0,8
	22 00	3,8		22 20	3,8
6 Mi	4 21	0,4	**21** Do	4 35	0,5
	10 59	3,6		11 00	3,6
	17 03	0,6		16 58	0,6
	23 10	3,9		23 10	3,9
7 Do	5 36	0,2	**22** Fr	5 23	0,3
	11 58	3,7		11 44	3,8
	18 10	0,4		17 46	0,5
				23 51	4,0
8 Fr	0 05	4,0	**23** Sa	6 07	0,3
	6 39	0,1		12 21	3,9
	12 47	3,7		18 31	0,4
●	19 10	0,3			
9 Sa	0 55	4,1	**24** So	0 29	4,1
	7 33	0,1		6 47	0,3
	13 29	3,8		12 55	4,0
	19 58	0,2		○ 19 11	0,4
10 So	1 39	4,1	**25** Mo	1 04	4,1
	8 14	0,2		7 22	0,2
	14 04	3,9		13 26	4,0
	20 31	0,2		19 46	0,3
11 Mo	2 17	4,2	**26** Di	1 40	4,1
	8 42	0,3		7 56	0,2
	14 34	4,0		13 58	4,0
	20 56	0,2		20 19	0,3
12 Di	2 49	4,1	**27** Mi	2 19	4,0
	9 04	0,4		8 32	0,3
	15 00	4,0		14 34	3,9
	21 17	0,3		20 52	0,2
13 Mi	3 18	4,0	**28** Do	3 01	3,9
	9 26	0,4		9 07	0,3
	15 28	3,9		15 14	3,9
	21 38	0,3		21 25	0,2
14 Do	3 50	3,8	**29** Fr	3 46	3,8
	9 50	0,5		9 41	0,4
	15 59	3,9		15 57	3,9
	22 03	0,4		22 01	0,3
15 Fr	4 25	3,7	**30** Sa	4 34	3,7
	10 18	0,6		10 21	0,6
	16 33	3,8		16 46	3,8
	22 35	0,5		22 45	0,4

● Neumond) erstes Viertel ○ Vollmond (letztes Viertel

UTC+ 1h00min (MEZ)

Bei Tiefenangaben in der Seekarte bezogen auf MSpNW: HW/NW Höhe - 0,5 m

Büsum 2005

Breite: 54° 07' N,   Länge: 8° 52' E

Zeiten (Stunden und Minuten) und Höhen (Meter) der Hoch- und Niedrigwasser

Mai

Tag	Zeit	Höhe	Tag	Zeit	Höhe
1 So (	5 29	3,6	16 Mo)	5 35	3,4
	11 11	0,6		11 18	0,8
	17 44	3,7		17 48	3,7
	23 46	0,4		23 54	0,7
2 Mo	6 39	3,5	17 Di	6 35	3,3
	12 20	0,7		12 23	0,9
	18 59	3,7		18 56	3,7
3 Di	1 06	0,5	18 Mi	1 07	0,7
	8 04	3,4		7 48	3,4
	13 49	0,7		13 39	0,9
	20 24	3,8		20 11	3,7
4 Mi	2 35	0,4	19 Do	2 24	0,6
	9 29	3,5		9 03	3,5
	15 18	0,6		14 53	0,8
	21 44	3,9		21 21	3,8
5 Do	3 56	0,3	20 Fr	3 29	0,5
	10 38	3,5		10 05	3,6
	16 31	0,5		15 55	0,7
	22 47	3,9		22 17	3,9
6 Fr	5 00	0,2	21 Sa	4 20	0,4
	11 30	3,6		10 55	3,8
	17 30	0,4		16 48	0,6
	23 40	4,0		23 05	4,0
7 Sa	5 56	0,2	22 So	5 07	0,4
	12 15	3,7		11 37	3,9
	18 26	0,3		17 36	0,5
				23 49	4,1
8 So ●	0 28	4,0	23 Mo ○	5 53	0,4
	6 48	0,3		12 16	4,0
	12 57	3,9		18 21	0,5
	19 16	0,3			
9 Mo	1 13	4,0	24 Di	0 32	4,1
	7 31	0,3		6 35	0,4
	13 32	4,0		12 54	4,1
	19 51	0,2		19 03	0,4
10 Di	1 50	4,0	25 Mi	1 16	4,1
	8 01	0,4		7 18	0,4
	14 01	4,0		13 34	4,1
	20 17	0,3		19 46	0,3
11 Mi	2 22	4,0	26 Do	2 04	4,1
	8 25	0,4		8 07	0,4
	14 30	4,0		14 20	4,1
	20 42	0,3		20 32	0,3
12 Do	2 54	3,9	27 Fr	2 56	4,0
	8 51	0,5		8 55	0,4
	15 02	4,0		15 08	4,1
	21 09	0,4		21 17	0,2
13 Fr	3 29	3,8	28 Sa	3 48	3,8
	9 19	0,5		9 37	0,5
	15 37	4,0		15 56	4,0
	21 37	0,4		22 00	0,3
14 Sa	4 06	3,7	29 So	4 39	3,7
	9 51	0,6		10 19	0,6
	16 14	3,9		16 48	4,0
	22 12	0,5		22 48	0,3
15 So	4 48	3,6	30 Mo (	5 36	3,6
	10 29	0,8		11 11	0,6
	16 56	3,8		17 46	4,0
	22 57	0,6		23 47	0,4
			31 Di	6 39	3,5
				12 14	0,6
				18 52	3,9

Juni

Tag	Zeit	Höhe	Tag	Zeit	Höhe
1 Mi	0 57	0,4	16 Do	0 15	0,6
	7 50	3,5		6 54	3,5
	13 27	0,6		12 37	0,8
	20 05	3,9		19 10	3,8
2 Do	2 11	0,4	17 Fr	1 14	0,6
	9 00	3,5		7 58	3,6
	14 42	0,6		13 41	0,8
	21 16	3,9		20 15	3,8
3 Fr	3 20	0,4	18 Sa	2 15	0,6
	10 02	3,6		9 02	3,7
	15 49	0,5		14 45	0,8
	22 18	3,9		21 18	3,9
4 Sa	4 20	0,3	19 So	3 13	0,6
	10 54	3,7		9 59	3,8
	16 46	0,4		15 45	0,7
	23 12	3,9		22 18	4,0
5 So	5 13	0,4	20 Mo	4 09	0,6
	11 41	3,8		10 51	3,9
	17 42	0,4		16 43	0,6
				23 14	4,1
6 Mo ●	0 02	3,9	21 Di	5 06	0,6
	6 04	0,5		11 42	4,0
	12 26	3,9		17 38	0,5
	18 34	0,4			
7 Di	0 49	4,0	22 Mi ○	0 08	4,1
	6 50	0,5		6 01	0,6
	13 06	4,0		12 31	4,1
	19 14	0,4		18 33	0,4
8 Mi	1 29	4,0	23 Do	1 03	4,1
	7 26	0,5		6 58	0,5
	13 39	4,1		13 22	4,2
	19 45	0,4		19 30	0,4
9 Do	2 04	3,9	24 Fr	1 59	4,1
	7 57	0,5		7 57	0,5
	14 11	4,1		14 14	4,2
	20 16	0,4		20 28	0,3
10 Fr	2 38	3,9	25 Sa	2 56	4,0
	8 27	0,6		8 56	0,5
	14 46	4,1		15 05	4,2
	20 49	0,5		21 19	0,5
11 Sa	3 14	3,8	26 So	3 49	3,9
	8 59	0,6		9 41	0,6
	15 22	4,1		15 54	4,2
	21 21	0,5		22 04	0,2
12 So	3 50	3,7	27 Mo	4 38	3,8
	9 32	0,6		10 19	0,5
	15 59	4,1		16 44	4,2
	21 55	0,5		22 48	0,3
13 Mo	4 29	3,6	28 Di (	5 28	3,7
	10 10	0,7		11 03	0,6
	16 38	4,0		17 36	4,1
	22 37	0,5		23 38	0,4
14 Di	5 11	3,6	29 Mi	6 20	3,6
	10 52	0,7		11 52	0,7
	17 21	3,9		18 31	4,1
	23 23	0,6			
15 Mi)	5 58	3,5	30 Do	0 34	0,5
	11 41	0,7		7 15	3,6
	18 11	3,8		12 53	0,7
				19 31	4,0

Juli

Tag	Zeit	Höhe	Tag	Zeit	Höhe
1 Fr	1 34	0,5	16 Sa	0 12	0,6
	8 14	3,6		6 54	3,6
	13 57	0,7		12 35	0,8
	20 37	3,9		19 12	3,8
2 Sa	2 37	0,5	17 So	1 07	0,7
	9 16	3,6		7 57	3,6
	15 05	0,6		13 40	0,8
	21 44	3,8		20 23	3,8
3 So	3 40	0,6	18 Mo	2 15	0,8
	10 17	3,7		9 06	3,7
	16 09	0,6		14 53	0,8
	22 47	3,8		21 38	3,9
4 Mo	4 38	0,6	19 Di	3 26	0,8
	11 14	3,9		10 15	3,9
	17 08	0,6		16 06	0,7
	23 43	3,9		22 51	4,0
5 Di	5 31	0,7	20 Mi	4 39	0,8
	12 03	4,0		11 20	4,0
	18 01	0,6		17 16	0,6
				23 58	4,0
6 Mi ●	0 33	3,9	21 Do ○	5 50	0,7
	6 19	0,7		12 20	4,1
	12 46	4,1		18 24	0,5
	18 46	0,6			
7 Do	1 15	4,0	22 Fr	0 59	4,1
	7 01	0,7		6 58	0,6
	13 24	4,2		13 15	4,2
	19 24	0,5		19 30	0,4
8 Fr	1 52	3,9	23 Sa	1 57	4,1
	7 39	0,6		8 03	0,5
	14 00	4,2		14 08	4,3
	20 02	0,5		20 31	0,3
9 Sa	2 27	3,9	24 So	2 51	4,0
	8 14	0,6		9 01	0,4
	14 35	4,2		14 59	4,4
	20 39	0,5		21 22	0,2
10 So	3 00	3,9	25 Mo	3 40	4,0
	8 47	0,5		9 43	0,4
	15 08	4,2		15 46	4,4
	21 10	0,5		22 03	0,3
11 Mo	3 33	3,8	26 Di	4 23	3,9
	9 18	0,5		10 14	0,4
	15 41	4,1		16 30	4,3
	21 40	0,4		22 38	0,3
12 Di	4 07	3,7	27 Mi	5 03	3,8
	9 51	0,5		10 46	0,5
	16 16	4,0		17 13	4,2
	22 16	0,5		23 16	0,5
13 Mi	4 45	3,7	28 Do	5 44	3,8
	10 28	0,6		11 25	0,6
	16 54	4,0		17 58	4,1
	22 55	0,5		23 58	0,6
14 Do)	5 23	3,7	29 Fr	6 27	3,7
	11 05	0,6		12 11	0,7
	17 31	3,9		18 48	4,0
	23 31	0,5			
15 Fr	6 04	3,6	30 Sa	0 47	0,7
	11 44	0,7		7 19	3,6
	18 14	3,8		13 07	0,8
				19 51	3,8
			31 So	1 49	0,9
				8 26	3,6
				14 20	0,8
				21 08	3,7

August

Tag	Zeit	Höhe	Tag	Zeit	Höhe
1 Mo	3 01	0,9	16 Di	1 37	1,0
	9 42	3,7		8 27	3,7
	15 39	0,8		14 23	0,8
	22 25	3,7		21 15	3,7
2 Di	4 13	0,9	17 Mi	3 07	0,9
	10 52	3,9		9 53	3,8
	16 47	0,7		15 52	0,7
	23 30	3,8		22 42	3,8
3 Mi	5 12	0,8	18 Do	4 34	0,9
	11 47	4,0		11 09	4,0
	17 42	0,7		17 13	0,6
				23 55	3,9
4 Do	0 21	3,9	19 Fr ○	5 53	0,8
	6 01	0,8		12 12	4,1
	12 31	4,1		18 26	0,4
	18 28	0,7			
5 Fr ●	1 02	4,0	20 Sa	0 56	4,0
	6 45	0,7		7 03	0,6
	13 10	4,2		13 07	4,2
	19 11	0,6		19 32	0,3
6 Sa	1 38	3,9	21 So	1 49	4,0
	7 26	0,6		8 05	0,4
	13 47	4,2		13 57	4,3
	19 52	0,5		20 29	0,2
7 So	2 11	3,9	22 Mo	2 37	4,0
	8 04	0,5		8 56	0,4
	14 20	4,2		14 45	4,4
	20 29	0,4		21 14	0,3
8 Mo	2 42	3,9	23 Di	3 19	4,0
	8 37	0,5		9 34	0,4
	14 49	4,2		15 28	4,4
	20 59	0,4		21 48	0,3
9 Di	3 11	3,9	24 Mi	3 55	4,0
	9 08	0,4		9 58	0,4
	15 17	4,1		16 06	4,3
	21 24	0,4		22 15	0,4
10 Mi	3 41	3,8	25 Do	4 28	4,0
	9 33	0,4		10 21	0,5
	15 49	4,0		16 42	4,2
	21 53	0,4		22 43	0,6
11 Do	4 15	3,8	26 Fr (	5 00	3,9
	10 04	0,5		10 50	0,6
	16 24	4,0		17 19	4,1
	22 26	0,5		23 16	0,7
12 Fr	4 47	3,8	27 Sa	5 37	3,8
	10 34	0,5		11 27	0,7
	16 55	3,9		18 03	3,8
	22 53	0,5		23 58	0,9
13 Sa)	5 18	3,7	28 So	6 25	3,7
	11 03	0,6		12 20	0,9
	17 30	3,8		19 06	3,6
	23 23	0,7			
14 So	5 59	3,6	29 Mo	0 59	1,1
	11 46	0,7		7 36	3,6
	18 23	3,7		13 37	1,0
				20 30	3,5
15 Mo	0 17	0,9	30 Di	2 22	1,2
	7 04	3,6		9 04	3,7
	12 55	0,8		15 09	1,0
	19 43	3,6		22 00	3,6
			31 Mi	3 48	1,2
				10 27	3,8
				16 31	0,9
				23 14	3,7

● Neumond   ) erstes Viertel   ○ Vollmond   (letztes Viertel

UTC+ 1h00min (MEZ)

Bei Tiefenangaben in der Seekarte bezogen auf MSpNW: HW/NW Höhe - 0,5 m

Mittlere Tidenkurven für Büsum

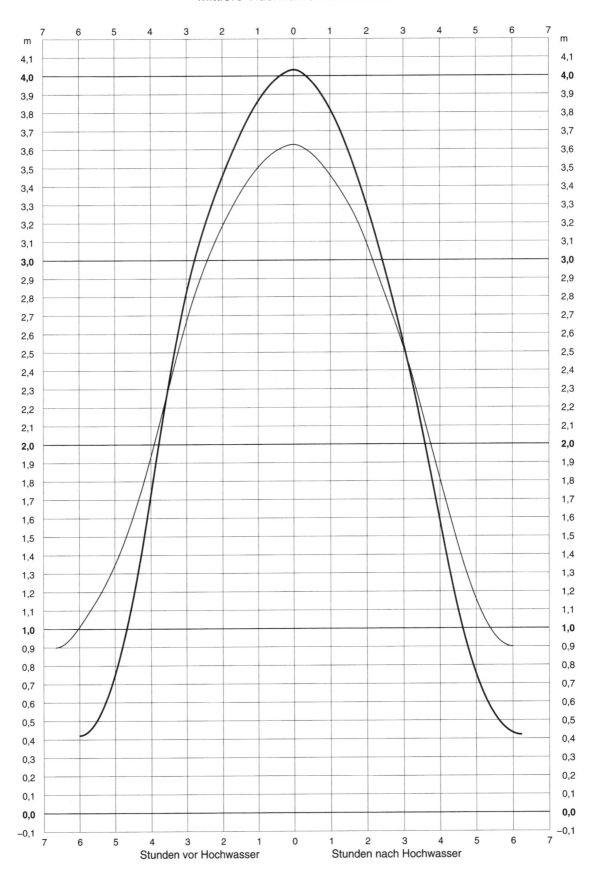

Stunden vor Hochwasser   Stunden nach Hochwasser

MSpNWH:	**0,42 m**	MNpNWH:	**0,90 m**	——— Springtide
MSpD (MSpSD):	**6,01 h**	MNpD (MNpSD):	**6,66 h**	——— Nipptide
MSpHWH:	**4,03 m**	MNpHWH:	**3,63 m**	MHW: 3,88 m
MSpD (MSpFD):	**6,25 h**	MNpD (MNpFD):	**6,01 h**	MNW: 0,63 m

Cuxhaven, Steubenhöft 2005

Breite: 53° 52' N, Länge: 8° 43' E
Zeiten (Stunden und Minuten) und Höhen (Meter) der Hoch- und Niedrigwasser

Januar

Tag	Zeit	Höhe	Tag	Zeit	Höhe
1 Sa	4 05 / 11 05 / 16 37 / 23 12	3,8 / 0,6 / 3,4 / 0,7	16 So	5 00 / 12 12 / 17 38	3,9 / 0,5 / 3,4
2 So	4 42 / 11 41 / 17 16 / 23 50	3,7 / 0,6 / 3,3 / 0,8	17 Mo ⟩	0 14 / 5 45 / 12 52 / 18 20	0,7 / 3,9 / 0,6 / 3,4
3 Mo ☾	5 22 / 12 19 / 17 57	3,6 / 0,7 / 3,3	18 Di	0 55 / 6 33 / 13 32 / 19 06	0,7 / 3,7 / 0,7 / 3,3
4 Di	0 29 / 6 06 / 13 01 / 18 45	0,8 / 3,6 / 0,7 / 3,3	19 Mi	1 44 / 7 29 / 14 22 / 20 04	0,8 / 3,5 / 0,8 / 3,2
5 Mi	1 19 / 7 00 / 13 56 / 19 45	1,0 / 3,5 / 0,8 / 3,3	20 Do	2 48 / 8 37 / 15 29 / 21 14	0,9 / 3,4 / 0,9 / 3,3
6 Do	2 24 / 8 06 / 15 06 / 20 54	1,0 / 3,6 / 0,9 / 3,4	21 Fr	4 06 / 9 53 / 16 44 / 22 27	0,9 / 3,4 / 1,0 / 3,4
7 Fr	3 39 / 9 19 / 16 20 / 22 04	1,0 / 3,6 / 0,9 / 3,5	22 Sa	5 25 / 11 04 / 17 53 / 23 31	0,9 / 3,4 / 0,9 / 3,6
8 Sa	4 54 / 10 32 / 17 32 / 23 08	0,8 / 3,7 / 0,8 / 3,6	23 So	6 28 / 12 02 / 18 50	0,8 / 3,5 / 0,9
9 So	6 06 / 11 39 / 18 37	0,7 / 3,7 / 0,8	24 Mo	0 20 / 7 18 / 12 48 / 19 36	3,7 / 0,8 / 3,6 / 0,8
10 Mo ●	0 07 / 7 11 / 12 40 / 19 36	3,8 / 0,6 / 3,7 / 0,7	25 Di ○	1 01 / 8 01 / 13 27 / 20 15	3,8 / 0,7 / 3,6 / 0,7
11 Di	1 01 / 8 09 / 13 37 / 20 31	3,9 / 0,4 / 3,7 / 0,6	26 Mi	1 38 / 8 39 / 14 03 / 20 50	3,9 / 0,6 / 3,6 / 0,7
12 Mi	1 53 / 9 04 / 14 33 / 21 25	3,9 / 0,4 / 3,7 / 0,6	27 Do	2 12 / 9 06 / 14 37 / 21 24	3,9 / 0,6 / 3,6 / 0,6
13 Do	2 44 / 9 59 / 15 26 / 22 15	4,0 / 0,4 / 3,7 / 0,5	28 Fr	2 45 / 9 50 / 15 09 / 21 54	3,9 / 0,5 / 3,6 / 0,5
14 Fr	3 33 / 10 49 / 16 14 / 22 58	4,0 / 0,4 / 3,6 / 0,5	29 Sa	3 15 / 10 19 / 15 40 / 22 24	3,8 / 0,4 / 3,5 / 0,4
15 Sa	4 17 / 11 32 / 16 57 / 23 36	4,0 / 0,4 / 3,5 / 0,6	30 So	3 46 / 10 48 / 16 14 / 22 56	3,7 / 0,4 / 3,4 / 0,5
			31 Mo	4 21 / 11 21 / 16 50 / 23 30	3,7 / 0,4 / 3,4 / 0,5

Februar

Tag	Zeit	Höhe	Tag	Zeit	Höhe
1 Di	4 57 / 11 53 / 17 23	3,7 / 0,5 / 3,4	16 Mi ⟩	0 15 / 5 50 / 12 40 / 18 11	0,6 / 3,6 / 0,7 / 3,4
2 Mi ☾	0 00 / 5 30 / 12 21 / 17 58	0,6 / 3,6 / 0,6 / 3,3	17 Do	0 50 / 6 37 / 13 17 / 19 02	0,7 / 3,4 / 0,8 / 3,2
3 Do	0 32 / 6 11 / 13 01 / 18 48	0,7 / 3,5 / 0,7 / 3,3	18 Fr	1 45 / 7 41 / 14 21 / 20 15	0,8 / 3,2 / 1,0 / 3,2
4 Fr	1 26 / 7 14 / 14 07 / 19 59	0,8 / 3,4 / 0,9 / 3,3	19 Sa	3 07 / 9 05 / 15 48 / 21 42	0,9 / 3,2 / 1,0 / 3,3
5 Sa	2 47 / 8 38 / 15 35 / 21 24	0,9 / 3,4 / 0,9 / 3,4	20 So	4 42 / 10 31 / 17 16 / 23 00	0,9 / 3,2 / 1,0 / 3,5
6 So	4 21 / 10 08 / 17 06 / 22 45	0,7 / 3,5 / 0,9 / 3,6	21 Mo	6 03 / 11 41 / 18 26 / 23 59	0,8 / 3,4 / 0,8 / 3,7
7 Mo	5 49 / 11 29 / 18 26 / 23 55	0,6 / 3,6 / 0,7 / 3,7	22 Di	7 00 / 12 31 / 19 16	0,7 / 3,5 / 0,7
8 Di	7 04 / 12 36 / 19 32	0,4 / 3,6 / 0,6	23 Mi	0 42 / 7 42 / 13 10 / 19 57	3,8 / 0,6 / 3,6 / 0,6
9 Mi	0 53 / 8 05 / 13 33 / 20 27	3,8 / 0,3 / 3,6 / 0,4	24 Do ○	1 18 / 8 20 / 13 45 / 20 33	3,8 / 0,5 / 3,6 / 0,5
10 Do	1 44 / 8 58 / 14 24 / 21 15	3,9 / 0,2 / 3,6 / 0,4	25 Fr	1 53 / 8 55 / 14 17 / 21 06	3,8 / 0,4 / 3,6 / 0,4
11 Fr	2 32 / 9 47 / 15 11 / 22 00	4,0 / 0,2 / 3,6 / 0,3	26 Sa	2 24 / 9 27 / 14 46 / 21 36	3,8 / 0,3 / 3,6 / 0,3
12 Sa	3 16 / 10 33 / 15 53 / 22 40	4,0 / 0,3 / 3,6 / 0,4	27 So	2 52 / 9 56 / 15 15 / 22 05	3,8 / 0,3 / 3,6 / 0,3
13 So	3 57 / 11 11 / 16 29 / 23 13	4,0 / 0,4 / 3,6 / 0,4	28 Mo	3 22 / 10 25 / 15 46 / 22 35	3,7 / 0,3 / 3,5 / 0,3
14 Mo	4 35 / 11 43 / 17 03 / 23 44	3,9 / 0,5 / 3,5 / 0,5			
15 Di	5 12 / 12 12 / 17 35	3,8 / 0,6 / 3,5			

März

Tag	Zeit	Höhe	Tag	Zeit	Höhe
1 Di	3 56 / 10 56 / 16 20 / 23 07	3,7 / 0,3 / 3,5 / 0,3	16 Mi	4 39 / 11 30 / 16 54 / 23 38	3,7 / 0,5 / 3,5 / 0,5
2 Mi	4 31 / 11 25 / 16 52 / 23 33	3,7 / 0,4 / 3,4 / 0,4	17 Do ⟩	5 14 / 11 54 / 17 26	3,5 / 0,7 / 3,4
3 Do ☾	5 03 / 11 50 / 17 24	3,6 / 0,5 / 3,4	18 Fr	0 08 / 5 55 / 12 26 / 18 12	0,6 / 3,3 / 0,8 / 3,3
4 Fr	0 02 / 5 43 / 12 26 / 18 11	0,5 / 3,4 / 0,7 / 3,2	19 Sa	0 56 / 6 55 / 13 25 / 19 23	0,8 / 3,1 / 1,0 / 3,2
5 Sa	0 54 / 6 48 / 13 34 / 19 28	0,6 / 3,3 / 0,8 / 3,2	20 So	2 14 / 8 18 / 14 54 / 20 54	0,9 / 3,0 / 1,0 / 3,3
6 So	2 22 / 8 20 / 15 12 / 21 02	0,7 / 3,2 / 0,9 / 3,4	21 Mo	3 54 / 9 51 / 16 33 / 22 21	0,9 / 3,1 / 1,0 / 3,4
7 Mo	4 07 / 10 00 / 16 55 / 22 32	0,6 / 3,3 / 0,8 / 3,5	22 Di	5 26 / 11 09 / 17 52 / 23 26	0,7 / 3,3 / 0,8 / 3,6
8 Di	5 42 / 11 24 / 18 18 / 23 44	0,4 / 3,4 / 0,6 / 3,7	23 Mi	6 30 / 12 02 / 18 46	0,5 / 3,4 / 0,6
9 Mi	6 56 / 12 30 / 19 22	0,3 / 3,5 / 0,4	24 Do	0 12 / 7 12 / 12 41 / 19 28	3,7 / 0,4 / 3,5 / 0,5
10 Do ●	0 41 / 7 54 / 13 22 / 20 13	3,8 / 0,2 / 3,5 / 0,3	25 Fr ○	0 48 / 7 49 / 13 16 / 20 05	3,8 / 0,3 / 3,6 / 0,4
11 Fr	1 30 / 8 43 / 14 08 / 20 57	3,9 / 0,1 / 3,6 / 0,2	26 Sa	1 23 / 8 24 / 13 48 / 20 38	3,8 / 0,3 / 3,6 / 0,3
12 Sa	2 14 / 9 30 / 14 48 / 21 36	3,9 / 0,2 / 3,6 / 0,2	27 So	1 54 / 8 56 / 14 17 / 21 09	3,8 / 0,2 / 3,7 / 0,3
13 So	2 54 / 10 06 / 15 24 / 22 12	4,0 / 0,3 / 3,7 / 0,2	28 Mo	2 24 / 9 27 / 14 45 / 21 39	3,8 / 0,2 / 3,7 / 0,2
14 Mo	3 31 / 10 39 / 15 55 / 22 44	4,0 / 0,4 / 3,7 / 0,3	29 Di	2 56 / 9 57 / 15 17 / 22 10	3,8 / 0,2 / 3,6 / 0,2
15 Di	4 05 / 11 06 / 16 24 / 23 12	3,8 / 0,4 / 3,6 / 0,4	30 Mi	3 31 / 10 29 / 15 51 / 22 43	3,7 / 0,3 / 3,5 / 0,2
			31 Do	4 10 / 11 00 / 16 28 / 23 16	3,6 / 0,4 / 3,5 / 0,3

April

Tag	Zeit	Höhe	Tag	Zeit	Höhe
1 Fr	4 50 / 11 32 / 17 07 / 23 54	3,5 / 0,5 / 3,5 / 0,4	16 Sa ⟩	5 27 / 11 54 / 17 38	3,3 / 0,8 / 3,4
2 Sa ☾	5 39 / 12 16 / 18 01	3,3 / 0,7 / 3,3	17 So	0 26 / 6 21 / 12 45 / 18 41	0,7 / 3,1 / 0,9 / 3,3
3 So	0 52 / 6 49 / 13 28 / 19 19	0,5 / 3,2 / 0,8 / 3,3	18 Mo	1 33 / 7 35 / 14 04 / 20 03	0,8 / 3,0 / 1,0 / 3,3
4 Mo	2 20 / 8 21 / 15 06 / 20 54	0,6 / 3,2 / 0,8 / 3,4	19 Di	3 03 / 9 02 / 15 39 / 21 29	0,8 / 3,1 / 0,9 / 3,4
5 Di	4 03 / 9 56 / 16 45 / 22 21	0,5 / 3,2 / 0,7 / 3,6	20 Mi	4 33 / 10 21 / 17 02 / 22 39	0,6 / 3,2 / 0,8 / 3,5
6 Mi	5 34 / 11 15 / 18 03 / 23 29	0,3 / 3,3 / 0,5 / 3,7	21 Do	5 42 / 11 19 / 18 01 / 23 29	0,5 / 3,4 / 0,6 / 3,7
7 Do	6 40 / 12 13 / 19 00	0,2 / 3,4 / 0,3	22 Fr	6 29 / 12 01 / 18 47	0,4 / 3,5 / 0,5
8 Fr ●	0 22 / 7 32 / 13 00 / 19 49	3,8 / 0,1 / 3,5 / 0,2	23 Sa	0 09 / 7 08 / 12 38 / 19 27	3,8 / 0,3 / 3,6 / 0,5
9 Sa	1 09 / 8 18 / 13 43 / 20 32	3,8 / 0,1 / 3,6 / 0,2	24 So ○	0 46 / 7 46 / 12 41 / 20 04	3,8 / 0,3 / 3,7 / 0,4
10 So	1 52 / 8 58 / 14 20 / 21 09	3,9 / 0,2 / 3,7 / 0,2	25 Mo	1 21 / 8 20 / 13 44 / 20 38	3,9 / 0,3 / 3,8 / 0,3
11 Mo	2 30 / 9 33 / 14 51 / 21 42	3,9 / 0,3 / 3,7 / 0,3	26 Di	1 55 / 8 54 / 14 15 / 21 12	3,9 / 0,3 / 3,8 / 0,3
12 Di	3 03 / 10 02 / 15 20 / 22 12	3,9 / 0,4 / 3,7 / 0,3	27 Mi	2 32 / 9 30 / 14 51 / 21 49	3,8 / 0,3 / 3,7 / 0,2
13 Mi	3 36 / 10 28 / 15 49 / 22 41	3,7 / 0,4 / 3,7 / 0,3	28 Do	3 14 / 10 07 / 15 32 / 22 29	3,7 / 0,4 / 3,7 / 0,2
14 Do	4 10 / 10 54 / 16 20 / 23 10	3,6 / 0,5 / 3,6 / 0,4	29 Fr	4 01 / 10 46 / 16 16 / 23 13	3,6 / 0,5 / 3,6 / 0,3
15 Fr	4 46 / 11 20 / 16 55 / 23 42	3,4 / 0,7 / 3,5 / 0,6	30 Sa	4 52 / 11 29 / 17 05	3,5 / 0,6 / 3,6

● Neumond ⟩ erstes Viertel ○ Vollmond ☾ letztes Viertel

UTC+ 1h00min (MEZ)

Bei Tiefenangaben in der Seekarte bezogen auf MSpNW: HW/NW Höhe - 0,5 m

Cuxhaven, Steubenhöft 2005

Breite: 53° 52' N, Länge: 8° 43' E

Zeiten (Stunden und Minuten) und Höhen (Meter) der Hoch- und Niedrigwasser

Mai

Tag	Zeit	Höhe	Tag	Zeit	Höhe
1 So ☾	0 02 / 5 49 / 12 23 / 18 05	0,4 / 3,3 / 0,7 / 3,5	16 Mo)	0 09 / 5 56 / 12 19 / 18 08	0,6 / 3,2 / 0,9 / 3,5
2 Mo	1 04 / 6 58 / 13 33 / 19 19	0,4 / 3,2 / 0,7 / 3,5	17 Di	1 02 / 6 55 / 13 21 / 19 14	0,7 / 3,1 / 0,9 / 3,4
3 Di	2 24 / 8 21 / 14 59 / 20 44	0,4 / 3,2 / 0,7 / 3,5	18 Mi	2 10 / 8 07 / 14 39 / 20 29	0,7 / 3,1 / 0,9 / 3,5
4 Mi	3 55 / 9 44 / 16 27 / 22 03	0,4 / 3,2 / 0,6 / 3,6	19 Do	3 29 / 9 21 / 15 58 / 21 39	0,6 / 3,3 / 0,8 / 3,6
5 Do	5 14 / 10 53 / 17 36 / 23 06	0,3 / 3,3 / 0,4 / 3,7	20 Fr	4 39 / 10 23 / 17 03 / 22 36	0,5 / 3,4 / 0,7 / 3,7
6 Fr	6 13 / 11 45 / 18 30 / 23 56	0,2 / 3,4 / 0,3 / 3,7	21 Sa	5 35 / 11 13 / 17 56 / 23 23	0,4 / 3,5 / 0,6 / 3,8
7 Sa	7 00 / 12 30 / 19 18	0,2 / 3,5 / 0,3	22 So	6 22 / 11 55 / 18 44	0,4 / 3,7 / 0,6
8 So ●	0 43 / 7 46 / 13 13 / 20 04	3,8 / 0,3 / 3,6 / 0,3	23 Mo ○	0 07 / 7 05 / 12 35 / 19 27	3,9 / 0,4 / 3,8 / 0,5
9 Mo	1 28 / 8 27 / 13 50 / 20 43	3,8 / 0,3 / 3,7 / 0,3	24 Di	0 49 / 7 45 / 13 13 / 20 08	3,9 / 0,4 / 3,8 / 0,4
10 Di	2 06 / 9 00 / 14 21 / 21 14	3,8 / 0,4 / 3,8 / 0,4	25 Mi	1 31 / 8 25 / 13 52 / 20 51	3,9 / 0,4 / 3,9 / 0,4
11 Mi	2 39 / 9 29 / 14 50 / 21 45	3,7 / 0,5 / 3,8 / 0,4	26 Do	2 18 / 9 11 / 14 36 / 21 39	3,9 / 0,4 / 3,9 / 0,3
12 Do	3 12 / 9 58 / 15 22 / 22 18	3,6 / 0,5 / 3,8 / 0,4	27 Fr	3 10 / 9 55 / 15 24 / 22 28	3,7 / 0,5 / 3,8 / 0,3
13 Fr	3 48 / 10 27 / 15 57 / 22 52	3,5 / 0,6 / 3,7 / 0,5	28 Sa	4 03 / 10 44 / 16 14 / 23 18	3,6 / 0,5 / 3,8 / 0,3
14 Sa	4 27 / 10 59 / 16 34 / 23 28	3,4 / 0,7 / 3,7 / 0,6	29 So	4 57 / 11 32 / 17 06	3,5 / 0,6 / 3,8
15 So	5 08 / 11 35 / 17 16	3,3 / 0,8 / 3,6	30 Mo ☾	0 11 / 5 55 / 12 27 / 18 05	0,4 / 3,4 / 0,7 / 3,7
			31 Di	1 11 / 6 58 / 13 30 / 19 11	0,4 / 3,3 / 0,7 / 3,7

Juni

Tag	Zeit	Höhe	Tag	Zeit	Höhe
1 Mi	2 18 / 8 07 / 14 41 / 20 23	0,4 / 3,2 / 0,6 / 3,7	16 Do	1 23 / 7 14 / 13 42 / 19 30	0,6 / 3,3 / 0,8 / 3,5
2 Do	3 31 / 9 16 / 15 55 / 21 34	0,4 / 3,3 / 0,6 / 3,7	17 Fr	2 23 / 8 16 / 14 50 / 20 35	0,7 / 3,3 / 0,9 / 3,6
3 Fr	4 40 / 10 19 / 17 02 / 22 36	0,4 / 3,3 / 0,5 / 3,7	18 Sa	3 30 / 9 20 / 15 58 / 21 39	0,6 / 3,4 / 0,8 / 3,7
4 Sa	5 37 / 11 12 / 17 57 / 23 29	0,3 / 3,4 / 0,4 / 3,7	19 So	4 35 / 10 19 / 17 01 / 22 37	0,6 / 3,5 / 0,7 / 3,8
5 So	6 26 / 11 59 / 18 48	0,4 / 3,6 / 0,4	20 Mo	5 33 / 11 12 / 18 00 / 23 33	0,6 / 3,7 / 0,6 / 3,8
6 Mo ●	0 18 / 7 13 / 12 44 / 19 38	3,7 / 0,5 / 3,7 / 0,4	21 Di	6 28 / 12 02 / 18 56	0,6 / 3,8 / 0,6
7 Di	1 05 / 7 58 / 13 24 / 20 20	3,7 / 0,5 / 3,8 / 0,5	22 Mi ○	0 26 / 7 20 / 12 50 / 19 49	3,9 / 0,6 / 3,9 / 0,5
8 Mi	1 46 / 8 34 / 13 58 / 20 54	3,7 / 0,6 / 3,9 / 0,5	23 Do	1 19 / 8 11 / 13 39 / 20 42	3,9 / 0,6 / 4,0 / 0,4
9 Do	2 21 / 9 06 / 14 31 / 21 29	3,7 / 0,6 / 3,9 / 0,5	24 Fr	2 14 / 9 04 / 14 30 / 21 38	3,9 / 0,5 / 4,0 / 0,4
10 Fr	2 56 / 9 39 / 15 05 / 22 04	3,6 / 0,6 / 3,9 / 0,5	25 Sa	3 10 / 9 57 / 15 21 / 22 30	3,8 / 0,5 / 4,0 / 0,3
11 Sa	3 33 / 10 11 / 15 41 / 22 40	3,5 / 0,6 / 3,9 / 0,5	26 So	4 03 / 10 45 / 16 10 / 23 19	3,6 / 0,5 / 4,0 / 0,3
12 So	4 11 / 10 44 / 16 17 / 23 15	3,5 / 0,7 / 3,8 / 0,6	27 Mo	4 53 / 11 30 / 16 59	3,5 / 0,5 / 4,0
13 Mo	4 50 / 11 20 / 16 56 / 23 53	3,4 / 0,7 / 3,7 / 0,6	28 Di ☾	0 09 / 5 45 / 12 18 / 17 53	0,4 / 3,5 / 0,6 / 3,9
14 Di	5 32 / 11 59 / 17 40	3,3 / 0,8 / 3,6	29 Mi	1 01 / 6 39 / 13 11 / 18 49	0,5 / 3,4 / 0,7 / 3,8
15 Mi)	0 35 / 6 19 / 12 45 / 18 30	0,6 / 3,3 / 0,8 / 3,5	30 Do	1 54 / 7 34 / 14 08 / 19 50	0,5 / 3,4 / 0,7 / 3,7

Juli

Tag	Zeit	Höhe	Tag	Zeit	Höhe
1 Fr	2 51 / 8 33 / 15 12 / 20 55	0,6 / 3,3 / 0,7 / 3,7	16 Sa	1 24 / 7 15 / 13 46 / 19 34	0,7 / 3,4 / 0,9 / 3,6
2 Sa	3 53 / 9 35 / 16 21 / 22 02	0,6 / 3,4 / 0,6 / 3,6	17 So	2 23 / 8 18 / 14 55 / 20 44	0,8 / 3,4 / 0,9 / 3,6
3 So	4 57 / 10 37 / 17 27 / 23 05	0,6 / 3,5 / 0,6 / 3,6	18 Mo	3 37 / 9 28 / 16 12 / 21 59	0,8 / 3,5 / 0,8 / 3,6
4 Mo	5 54 / 11 33 / 18 25	0,6 / 3,6 / 0,6	19 Di	4 52 / 10 36 / 17 28 / 23 10	0,8 / 3,6 / 0,7 / 3,7
5 Di	0 00 / 6 47 / 12 22 / 19 17	3,6 / 0,7 / 3,8 / 0,6	20 Mi	6 04 / 11 40 / 18 39	0,8 / 3,8 / 0,6
6 Mi ●	0 49 / 7 35 / 13 05 / 20 02	3,7 / 0,7 / 3,9 / 0,6	21 Do ○	0 16 / 7 09 / 12 38 / 19 42	3,8 / 0,7 / 4,0 / 0,5
7 Do	1 32 / 8 16 / 13 43 / 20 42	3,7 / 0,7 / 3,9 / 0,6	22 Fr	1 15 / 8 07 / 13 31 / 20 40	3,8 / 0,6 / 4,0 / 0,4
8 Fr	2 09 / 8 52 / 14 19 / 21 19	3,7 / 0,7 / 4,0 / 0,6	23 Sa	2 12 / 9 01 / 14 23 / 21 35	3,8 / 0,5 / 4,1 / 0,3
9 Sa	2 45 / 9 26 / 14 53 / 21 54	3,7 / 0,6 / 4,0 / 0,6	24 So	3 05 / 9 52 / 15 13 / 22 26	3,8 / 0,5 / 4,2 / 0,3
10 So	3 19 / 9 58 / 15 26 / 22 26	3,6 / 0,6 / 3,9 / 0,5	25 Mo	3 54 / 10 37 / 15 58 / 23 10	3,7 / 0,4 / 4,1 / 0,3
11 Mo	3 53 / 10 29 / 15 59 / 22 57	3,5 / 0,6 / 3,9 / 0,5	26 Di	4 38 / 11 17 / 16 43 / 23 52	3,6 / 0,4 / 4,1 / 0,4
12 Di	4 28 / 11 02 / 16 35 / 23 32	3,5 / 0,6 / 3,8 / 0,5	27 Mi	5 21 / 11 57 / 17 28	3,6 / 0,6 / 4,0
13 Mi	5 06 / 11 39 / 17 13	3,5 / 0,7 / 3,7	28 Do ☾	0 34 / 6 04 / 12 40 / 18 16	0,6 / 3,5 / 0,7 / 3,9
14 Do)	0 08 / 5 44 / 12 14 / 17 52	0,6 / 3,4 / 0,7 / 3,7	29 Fr	1 14 / 6 49 / 13 26 / 19 08	0,7 / 3,5 / 0,8 / 3,7
15 Fr	0 42 / 6 25 / 12 53 / 18 36	0,6 / 3,4 / 0,8 / 3,6	30 Sa	1 58 / 7 41 / 14 21 / 20 11	0,8 / 3,4 / 0,8 / 3,5
			31 So	2 58 / 8 47 / 15 35 / 21 26	0,9 / 3,4 / 0,8 / 3,5

August

Tag	Zeit	Höhe	Tag	Zeit	Höhe
1 Mo	4 12 / 10 02 / 16 56 / 22 43	0,9 / 3,5 / 0,8 / 3,5	16 Di	2 54 / 8 50 / 15 40 / 21 36	1,0 / 3,4 / 0,8 / 3,5
2 Di	5 27 / 11 12 / 18 08 / 23 47	0,9 / 3,6 / 0,7 / 3,5	17 Mi	4 28 / 10 14 / 17 13 / 23 01	1,0 / 3,6 / 0,7 / 3,6
3 Mi	6 30 / 12 07 / 19 03	0,8 / 3,8 / 0,7	18 Do	5 53 / 11 28 / 18 33	0,9 / 3,8 / 0,6
4 Do	0 38 / 7 20 / 12 51 / 19 49	3,6 / 0,8 / 3,9 / 0,7	19 Fr ○	0 13 / 7 05 / 12 29 / 19 39	3,7 / 0,7 / 3,9 / 0,4
5 Fr ●	1 19 / 8 02 / 13 29 / 20 29	3,7 / 0,8 / 4,0 / 0,6	20 Sa	1 11 / 8 03 / 13 22 / 20 33	3,7 / 0,6 / 4,0 / 0,3
6 Sa	1 56 / 8 39 / 14 05 / 21 06	3,7 / 0,7 / 4,0 / 0,6	21 So	2 03 / 8 53 / 14 11 / 21 23	3,8 / 0,4 / 4,1 / 0,3
7 So	2 30 / 9 13 / 14 38 / 21 38	3,7 / 0,6 / 4,0 / 0,5	22 Mo	2 51 / 9 38 / 14 56 / 22 09	3,7 / 0,4 / 4,2 / 0,3
8 Mo	3 01 / 9 43 / 15 07 / 22 06	3,7 / 0,6 / 3,9 / 0,5	23 Di	3 33 / 10 19 / 15 38 / 22 49	3,8 / 0,4 / 4,2 / 0,4
9 Di	3 29 / 10 10 / 15 36 / 22 33	3,6 / 0,5 / 3,9 / 0,5	24 Mi	4 11 / 10 55 / 16 18 / 23 24	3,7 / 0,4 / 4,1 / 0,5
10 Mi	4 00 / 10 40 / 16 08 / 23 05	3,6 / 0,5 / 3,8 / 0,5	25 Do	4 47 / 11 29 / 16 58 / 23 56	3,7 / 0,5 / 4,0 / 0,7
11 Do	4 35 / 11 14 / 16 44 / 23 38	3,6 / 0,6 / 3,8 / 0,6	26 Fr ☾	5 22 / 12 04 / 17 39	3,6 / 0,7 / 3,8
12 Fr	5 09 / 11 45 / 17 16	3,5 / 0,6 / 3,7	27 Sa	0 28 / 6 01 / 12 41 / 18 26	0,8 / 3,5 / 0,7 / 3,6
13 Sa)	0 05 / 5 41 / 12 12 / 17 52	0,6 / 3,5 / 0,7 / 3,6	28 So	1 05 / 6 49 / 13 31 / 19 27	1,0 / 3,4 / 0,9 / 3,3
14 So	0 36 / 6 22 / 12 54 / 18 46	0,8 / 3,4 / 0,8 / 3,5	29 Mo	2 03 / 7 59 / 14 48 / 20 49	1,1 / 3,4 / 1,0 / 3,3
15 Mo	1 30 / 7 26 / 14 07 / 20 05	0,9 / 3,4 / 0,9 / 3,4	30 Di	3 27 / 9 25 / 16 22 / 22 17	1,2 / 3,5 / 1,0 / 3,3
			31 Mi	4 58 / 10 48 / 17 49 / 23 32	1,1 / 3,6 / 0,9 / 3,4

● Neumond   ) erstes Viertel   ○ Vollmond   ☾ letztes Viertel

UTC+ 1h00min (MEZ)

Bei Tiefenangaben in der Seekarte bezogen auf MSpNW: HW/NW Höhe - 0,5 m

Mittlere Tidenkurven für Cuxhaven, Steubenhöft

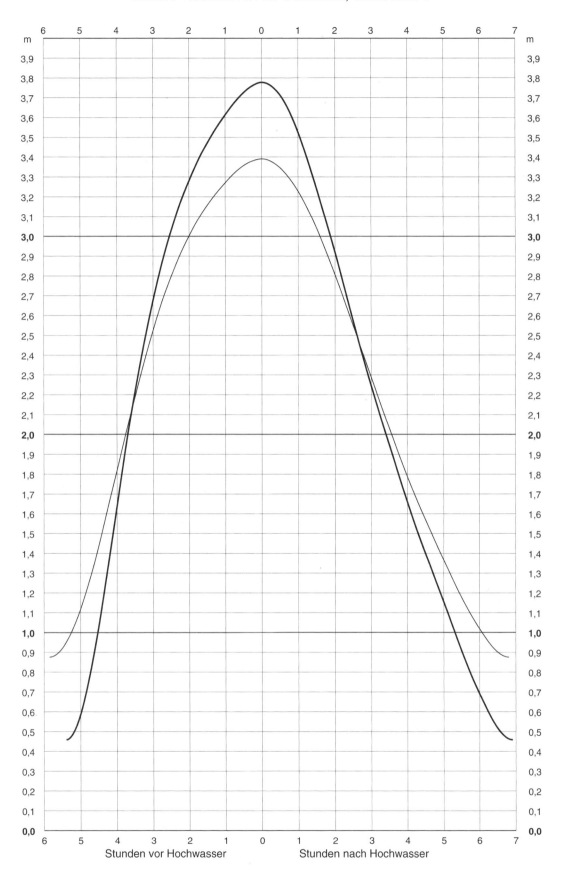

Stunden vor Hochwasser   Stunden nach Hochwasser

MSpNWH:	0,46 m	MNpNWH:	0,88 m	―――	Springtide
MSpD (MSpSD):	5,40 h	MNpD (MNpSD):	5,85 h	―――	Nipptide
MSpHWH:	3,78 m	MNpHWH:	3,39 m	MHW:	3,63 m
MSpD (MSpFD):	6,91 h	MNpD (MNpFD):	6,81 h	MNW:	0,64 m

Norderney, Riffgat 2005

Breite: 53° 42' N, Länge: 7° 09' E

Zeiten (Stunden und Minuten) und Höhen (Meter) der Hoch- und Niedrigwasser

Januar

Tag	Zeit	Höhe	Zeit	Höhe	Zeit	Höhe	Zeit	Höhe
1 Sa	2 22	3,2	8 54	0,6	14 58	2,9	20 57	0,7
2 So	2 59	3,2	9 31	0,6	15 37	2,8	21 33	0,7
3 Mo ☾	3 38	3,1	10 08	0,6	16 18	2,8	22 12	0,8
4 Di	4 21	3,1	10 50	0,7	17 05	2,8	23 03	0,9
5 Mi	5 14	3,1	11 44	0,8	18 01	2,8		
6 Do	0 09	1,0	6 19	3,1	12 54	0,8	19 08	2,9
7 Fr	1 26	0,9	7 34	3,1	14 09	0,8	20 18	3,0
8 Sa	2 42	0,8	8 48	3,1	15 21	0,7	21 24	3,1
9 So	3 54	0,7	9 56	3,2	16 25	0,7	22 23	3,2
10 Mo ●	4 59	0,6	10 58	3,2	17 21	0,6	23 18	3,3
11 Di	5 57	0,4	11 56	3,2	18 15	0,6		
12 Mi	0 09	3,4	6 53	0,4	12 53	3,2	19 07	0,5
13 Do	1 00	3,4	7 47	0,3	13 47	3,1	19 57	0,5
14 Fr	1 50	3,5	8 36	0,3	14 37	3,0	20 39	0,5
15 Sa	2 35	3,4	9 20	0,4	15 21	3,0	21 19	0,5
16 So	3 18	3,4	10 01	0,5	16 02	2,9	21 59	0,6
17 Mo ❯	4 03	3,3	10 40	0,6	16 44	2,9	22 41	0,7
18 Di	4 51	3,2	11 19	0,7	17 30	2,8	23 31	0,8
19 Mi	5 47	3,0	12 08	0,8	18 25	2,8		
20 Do	0 36	0,9	6 55	2,9	13 15	0,9	19 32	2,8
21 Fr	1 55	0,9	8 10	2,9	14 31	1,0	20 43	2,9
22 Sa	3 14	0,8	9 21	2,9	15 40	0,9	21 45	3,1
23 So	4 18	0,8	10 19	3,0	16 36	0,9	22 35	3,2
24 Mo	5 08	0,8	11 03	3,1	17 21	0,8	23 16	3,3
25 Di ○	5 49	0,7	11 45	3,1	17 59	0,7	23 53	3,3
26 Mi	6 27	0,6	12 22	3,1	18 35	0,6		
27 Do	0 28	3,3	7 04	0,5	12 57	3,1	19 09	0,6
28 Fr	1 02	3,3	7 37	0,5	13 30	3,0	19 40	0,5
29 Sa	1 34	3,2	8 07	0,4	14 03	3,0	20 10	0,4
30 So	2 06	3,2	8 39	0,4	14 38	2,9	20 43	0,4
31 Mo	2 39	3,2	9 14	0,4	15 13	2,9	21 17	0,5

Februar

Tag	Zeit	Höhe	Zeit	Höhe	Zeit	Höhe	Zeit	Höhe
1 Di	3 14	3,1	9 44	0,4	15 46	2,8	21 45	0,6
2 Mi ☾	3 47	3,1	10 09	0,5	16 20	2,8	22 18	0,7
3 Do	4 29	3,0	10 48	0,7	17 06	2,8	23 15	0,8
4 Fr	5 31	2,9	11 54	0,8	18 15	2,8		
5 Sa	0 38	0,8	6 55	2,9	13 23	0,9	19 38	2,9
6 So	2 12	0,7	8 26	2,9	14 55	0,8	21 01	3,0
7 Mo	3 42	0,6	9 48	3,0	16 14	0,7	22 12	3,2
8 Di ●	4 57	0,4	10 57	3,1	17 19	0,6	23 11	3,3
9 Mi	5 57	0,3	11 56	3,1	18 11	0,4		
10 Do	0 02	3,3	6 49	0,2	12 48	3,1	18 59	0,3
11 Fr	0 50	3,4	7 36	0,2	13 35	3,1	19 43	0,3
12 Sa	1 35	3,5	8 20	0,3	14 17	3,0	20 22	0,3
13 So	2 16	3,4	8 57	0,3	14 54	3,0	20 58	0,4
14 Mo	2 55	3,4	9 40	0,4	15 26	3,0	21 31	0,4
15 Di	3 32	3,3	9 59	0,6	15 58	2,9	22 02	0,6
16 Mi ❯	4 11	3,1	10 25	0,7	16 34	2,9	22 39	0,7
17 Do	4 57	2,9	11 03	0,8	17 23	2,8	23 36	0,8
18 Fr	6 01	2,7	12 08	1,0	18 33	2,8		
19 Sa	1 00	0,9	7 23	2,7	13 36	1,0	19 56	2,8
20 So	2 35	0,9	8 48	2,7	15 04	1,0	21 14	3,0
21 Mo	3 54	0,8	9 59	2,9	16 13	0,9	22 13	3,1
22 Di	4 51	0,7	10 50	3,0	17 05	0,7	22 58	3,2
23 Mi	5 34	0,6	11 30	3,0	17 46	0,6	23 36	3,2
24 Do ○	6 11	0,5	12 05	3,0	18 22	0,5		
25 Fr	0 12	3,3	6 46	0,4	12 39	3,0	18 54	0,4
26 Sa	0 44	3,3	7 17	0,3	13 10	3,1	19 24	0,3
27 So	1 14	3,2	7 46	0,3	13 40	3,0	19 52	0,3
28 Mo	1 44	3,2	8 17	0,2	14 12	2,9	20 24	0,3

März

Tag	Zeit	Höhe	Zeit	Höhe	Zeit	Höhe	Zeit	Höhe
1 Di	2 17	3,1	8 49	0,3	14 45	2,9	20 57	0,3
2 Mi	2 50	3,1	9 16	0,4	15 15	2,9	21 23	0,4
3 Do ☾	3 23	3,0	9 38	0,5	15 46	2,8	21 52	0,5
4 Fr	4 04	2,9	10 13	0,6	16 32	2,8	22 46	0,6
5 Sa	5 08	2,8	11 21	0,8	17 46	2,8		
6 So	0 16	0,7	6 39	2,8	13 01	0,9	19 19	2,9
7 Mo	2 03	0,6	8 20	2,8	14 44	0,8	20 49	3,0
8 Di	3 39	0,5	9 47	2,9	16 09	0,6	22 04	3,1
9 Mi	4 54	0,3	10 54	3,0	17 12	0,5	23 02	3,2
10 Do ●	5 50	0,1	11 48	3,0	18 01	0,3	23 51	3,2
11 Fr	6 36	0,1	12 33	3,0	18 44	0,2		
12 Sa	0 34	3,3	7 16	0,1	13 12	3,0	19 23	0,2
13 So	1 14	3,4	7 53	0,3	13 47	3,1	19 59	0,2
14 Mo	1 52	3,4	8 26	0,3	14 18	3,1	20 32	0,3
15 Di	2 28	3,3	8 54	0,4	14 47	3,1	21 02	0,3
16 Mi	3 02	3,1	9 18	0,5	15 15	3,0	21 29	0,5
17 Do ❯	3 36	3,0	9 40	0,7	15 48	2,9	22 00	0,6
18 Fr	4 17	2,8	10 12	0,8	16 33	2,8	22 50	0,8
19 Sa	5 16	2,6	11 12	1,0	17 40	2,7		
20 So	0 10	0,9	6 38	2,6	12 44	1,0	19 08	2,8
21 Mo	1 50	0,8	8 09	2,6	14 22	1,0	20 35	2,9
22 Di	3 20	0,7	9 28	2,7	15 41	0,8	21 43	3,0
23 Mi	4 23	0,6	10 23	2,9	16 37	0,7	22 31	3,1
24 Do	5 06	0,5	11 03	3,0	17 20	0,5	23 09	3,2
25 Fr ○	5 43	0,4	11 39	3,0	17 57	0,4	23 45	3,2
26 Sa	6 17	0,3	12 12	3,1	18 29	0,3		
27 So	0 18	3,2	6 49	0,2	12 42	3,1	18 59	0,3
28 Mo	0 48	3,2	7 18	0,3	13 11	3,1	19 28	0,2
29 Di	1 19	3,2	7 49	0,2	13 43	3,1	20 00	0,2
30 Mi	1 55	3,1	8 20	0,3	14 16	3,0	20 35	0,2
31 Do	2 32	3,1	8 51	0,4	14 50	3,0	21 09	0,3

April

Tag	Zeit	Höhe	Zeit	Höhe	Zeit	Höhe	Zeit	Höhe
1 Fr	3 13	3,0	9 21	0,5	15 29	2,9	21 47	0,4
2 Sa	4 02	2,8	10 04	0,7	16 23	2,8	22 47	0,5
3 So	5 11	2,7	11 17	0,8	17 39	2,8		
4 Mo	0 19	0,6	6 42	2,7	12 57	0,8	19 11	2,9
5 Di	2 03	0,5	8 19	2,7	14 37	0,7	20 39	3,0
6 Mi	3 33	0,3	9 41	2,8	15 56	0,5	21 50	3,1
7 Do	4 39	0,1	10 41	2,9	16 53	0,3	22 44	3,2
8 Fr ●	5 30	0,1	11 28	2,9	17 41	0,2	23 32	3,2
9 Sa	6 12	0,1	12 09	3,0	18 23	0,2		
10 So	0 14	3,3	6 49	0,2	12 43	3,1	19 00	0,2
11 Mo	0 51	3,3	7 21	0,3	13 13	3,1	19 33	0,2
12 Di	1 25	3,3	7 51	0,4	13 42	3,1	20 04	0,3
13 Mi	2 00	3,1	8 17	0,4	14 11	3,1	20 34	0,3
14 Do	2 35	3,0	8 43	0,5	14 42	3,0	21 04	0,4
15 Fr	3 11	2,9	9 09	0,6	15 15	3,0	21 36	0,6
16 Sa ❯	3 51	2,8	9 42	0,8	15 58	2,9	22 21	0,7
17 So	4 44	2,6	10 34	0,9	16 59	2,8	23 30	0,8
18 Mo	5 57	2,5	11 55	0,9	18 19	2,8		
19 Di	1 00	0,8	7 22	2,6	13 29	0,9	19 46	2,9
20 Mi	2 28	0,6	8 42	2,7	14 52	0,8	20 58	3,0
21 Do	3 36	0,5	9 41	2,8	15 52	0,6	21 50	3,1
22 Fr	4 24	0,4	10 25	3,0	16 39	0,5	22 31	3,2
23 Sa	5 04	0,3	11 02	3,1	17 20	0,5	23 09	3,2
24 So ○	5 40	0,3	11 37	3,1	17 56	0,4	23 45	3,3
25 Mo	6 13	0,2	12 09	3,1	18 29	0,3		
26 Di	0 19	3,3	6 46	0,3	12 41	3,1	19 03	0,3
27 Mi	0 56	3,2	7 21	0,3	13 16	3,1	19 40	0,2
28 Do	1 39	3,1	7 58	0,3	13 56	3,1	20 22	0,2
29 Fr	2 25	3,0	8 37	0,4	14 38	3,1	21 08	0,3
30 Sa	3 16	2,9	9 20	0,6	15 26	3,0	21 59	0,4

● Neumond   ❯ erstes Viertel   ○ Vollmond   ☾ letztes Viertel

UTC+ 1h00min (MEZ)

Bei Tiefenangaben in der Seekarte bezogen auf MSpNW: HW/NW Höhe - 0,5 m

Norderney, Riffgat 2005

Breite: 53° 42' N, Länge: 7° 09' E

Zeiten (Stunden und Minuten) und Höhen (Meter) der Hoch- und Niedrigwasser

Mai

Tag	Zeit	Höhe	Tag	Zeit	Höhe
1 So (	4 13 10 13 16 25 23 03	2,8 0,7 3,0 0,4	16 Mo)	4 19 10 09 16 27 22 57	2,7 0,8 2,9 0,7
2 Mo	5 23 11 24 17 39	2,7 0,7 2,9	17 Di	5 19 11 11 17 33	2,6 0,8 2,9
3 Di	0 25 6 46 12 53 19 03	0,4 2,7 0,7 3,0	18 Mi	0 07 6 30 12 30 18 47	0,7 2,6 0,8 2,9
4 Mi	1 56 8 10 14 21 20 23	0,4 2,7 0,6 3,1	19 Do	1 25 7 42 13 48 19 58	0,6 2,7 0,8 3,0
5 Do	3 14 9 21 15 31 21 27	0,2 2,7 0,4 3,1	20 Fr	2 34 8 45 14 54 20 57	0,5 2,8 0,7 3,1
6 Fr	4 11 10 14 16 25 22 20	0,2 2,8 0,3 3,1	21 Sa	3 30 9 36 15 48 21 45	0,4 3,0 0,6 3,2
7 Sa	4 58 10 58 17 13 23 07	0,2 2,9 0,3 3,2	22 So	4 17 10 19 16 36 22 30	0,4 3,1 0,5 3,2
8 So ●	5 41 11 38 17 57 23 51	0,2 3,0 0,3 3,2	23 Mo ○	4 59 10 58 17 19 23 12	0,4 3,2 0,5 3,3
9 Mo	6 19 12 13 18 35	0,3 3,1 0,3	24 Di	5 38 11 36 18 00 23 55	0,4 3,2 0,4 3,3
10 Di	0 29 6 50 12 43 19 08	3,2 0,4 3,2 0,3	25 Mi	6 18 12 15 18 44	0,4 3,2 0,3
11 Mi	1 03 7 19 13 12 19 40	3,1 0,4 3,2 0,4	26 Do	0 42 7 03 12 59 19 32	3,2 0,4 3,2 0,3
12 Do	1 38 7 48 13 43 20 12	3,0 0,5 3,2 0,4	27 Fr	1 34 7 47 13 47 20 22	3,1 0,4 3,2 0,2
13 Fr	2 15 8 17 14 18 20 46	2,9 0,5 3,1 0,5	28 Sa	2 28 8 35 14 35 21 13	3,0 0,5 3,2 0,3
14 Sa	2 53 8 49 14 54 21 22	2,8 0,6 3,1 0,6	29 So	3 22 9 23 15 26 22 09	2,9 0,5 3,2 0,4
15 So	3 33 9 24 15 36 22 03	2,8 0,7 3,0 0,6	30 Mo (	4 21 10 18 16 24 23 10	2,8 0,6 3,1 0,4
			31 Di	5 25 11 22 17 32	2,7 0,6 3,1

Juni

Tag	Zeit	Höhe	Tag	Zeit	Höhe
1 Mi	0 18 6 34 12 35 18 44	0,4 2,7 0,6 3,1	16 Do	5 37 11 32 17 48	2,7 0,8 3,0
2 Do	1 31 7 43 13 50 19 55	0,4 2,7 0,6 3,1	17 Fr	0 19 6 38 12 40 18 52	0,6 2,8 0,8 3,0
3 Fr	2 38 8 46 14 56 20 58	0,3 2,8 0,4 3,1	18 Sa	1 25 7 41 13 49 19 57	0,6 2,8 0,8 3,1
4 Sa	3 34 9 39 15 52 21 53	0,3 2,9 0,4 3,1	19 So	2 29 8 40 14 53 20 58	0,5 2,9 0,7 3,1
5 So	4 22 10 25 16 43 22 43	0,4 3,0 0,4 3,1	20 Mo	3 27 9 33 15 53 21 54	0,5 3,1 0,6 3,2
6 Mo ●	5 08 11 08 17 31 23 29	0,4 3,1 0,4 3,1	21 Di	4 21 10 23 16 49 22 48	0,5 3,2 0,5 3,2
7 Di	5 49 11 47 18 13	0,5 3,2 0,4	22 Mi ○	5 11 11 13 17 42 23 42	0,5 3,3 0,4 3,2
8 Mi	0 10 6 23 12 20 18 48	3,1 0,5 3,2 0,4	23 Do	6 02 12 00 18 36	0,5 3,3 0,4
9 Do	0 46 6 55 12 51 19 23	3,1 0,5 3,3 0,5	24 Fr	0 37 6 55 12 51 19 32	3,2 0,5 3,4 0,3
10 Fr	1 22 7 28 13 25 19 58	3,0 0,5 3,3 0,5	25 Sa	1 34 7 46 13 42 20 24	3,1 0,5 3,4 0,2
11 Sa	2 00 8 01 14 01 20 32	2,9 0,5 3,2 0,5	26 So	2 29 8 33 14 31 21 14	3,0 0,4 3,3 0,2
12 So	2 38 8 35 14 38 21 08	2,9 0,6 3,2 0,5	27 Mo	3 21 9 19 15 20 22 05	2,9 0,5 3,3 0,3
13 Mo	3 16 9 11 15 17 21 47	2,8 0,6 3,1 0,6	28 Di (	4 13 10 09 16 12 22 57	2,9 0,5 3,3 0,4
14 Di	3 56 9 49 16 01 22 30	2,8 0,7 3,0 0,6	29 Mi	5 06 11 11 17 10 23 50	2,8 0,6 3,2 0,5
15 Mi)	4 43 10 34 16 50 23 19	2,7 0,7 3,0 0,6	30 Do	6 02 12 01 18 11	2,8 0,6 3,1

Juli

Tag	Zeit	Höhe	Tag	Zeit	Höhe
1 Fr	0 46 6 59 13 05 19 17	0,5 2,8 0,6 3,1	16 Sa	5 35 11 36 17 50	2,8 0,8 3,0
2 Sa	1 48 8 00 14 14 20 24	0,6 2,8 0,6 3,0	17 So	0 16 6 36 12 47 19 01	0,7 2,8 0,8 3,0
3 So	2 50 9 00 15 20 21 26	0,6 2,9 0,5 3,0	18 Mo	1 28 7 45 14 04 20 18	0,7 2,9 0,7 3,0
4 Mo	3 47 9 55 16 19 22 22	0,6 3,0 0,5 3,0	19 Di	2 44 8 55 15 21 21 30	0,7 3,0 0,6 3,1
5 Di	4 39 10 43 17 10 23 12	0,6 3,1 0,6 3,1	20 Mi	3 54 9 59 16 32 22 37	0,7 3,2 0,6 3,2
6 Mi ●	5 25 11 25 17 54 23 55	0,7 3,2 0,6 3,1	21 Do ○	4 58 10 57 17 36 23 38	0,6 3,3 0,4 3,2
7 Do	6 05 12 02 18 34	0,6 3,3 0,5	22 Fr	5 56 11 51 18 34	0,6 3,4 0,3
8 Fr	0 34 6 41 12 37 19 11	3,1 0,6 3,3 0,5	23 Sa	0 35 6 49 12 43 19 29	3,2 0,5 3,4 0,2
9 Sa	1 10 7 16 13 12 19 45	3,0 0,6 3,3 0,5	24 So	1 30 7 39 13 33 20 18	3,1 0,4 3,5 0,2
10 So	1 45 7 48 13 46 20 17	3,0 0,5 3,3 0,5	25 Mo	2 21 8 23 14 19 21 02	3,1 0,4 3,5 0,3
11 Mo	2 19 8 19 14 20 20 50	2,9 0,5 3,2 0,5	26 Di	3 06 9 03 15 04 21 44	3,0 0,4 3,4 0,4
12 Di	2 53 8 53 14 56 21 27	2,9 0,6 3,2 0,5	27 Mi	3 48 9 45 15 49 22 26	3,0 0,5 3,4 0,5
13 Mi	3 30 9 29 15 33 22 02	2,9 0,6 3,1 0,5	28 Do (	4 30 10 29 16 36 23 05	2,9 0,6 3,3 0,6
14 Do	4 08 10 03 16 11 22 36	2,8 0,6 3,1 0,5	29 Fr	5 14 11 16 17 29 23 49	2,9 0,7 3,1 0,7
15 Fr	4 47 10 42 16 54 23 17	2,8 0,7 3,0 0,6	30 Sa	6 04 12 13 18 32	2,8 0,7 3,0
			31 So	0 49 7 07 13 28 19 46	0,8 2,9 0,8 2,9

August

Tag	Zeit	Höhe	Tag	Zeit	Höhe
1 Mo	2 03 8 20 14 50 21 02	0,9 2,9 0,7 2,9	16 Di	0 42 7 04 13 34 19 53	0,9 2,9 0,8 2,9
2 Di	3 17 9 28 16 01 22 07	0,8 3,0 0,7 2,9	17 Mi	2 16 8 30 15 07 21 20	0,9 3,0 0,7 3,0
3 Mi	4 19 10 24 16 56 22 58	0,8 3,2 0,7 3,0	18 Do	3 42 9 45 16 27 22 33	0,8 3,2 0,5 3,1
4 Do	5 08 11 08 17 40 23 40	0,8 3,3 0,6 3,1	19 Fr ○	4 52 10 47 17 33 23 34	0,7 3,3 0,4 3,2
5 Fr ●	5 50 11 47 18 19	0,7 3,3 0,6	20 Sa	5 49 11 41 18 27	0,5 3,4 0,3
6 Sa	0 18 6 28 12 23 18 56	3,1 0,6 3,3 0,5	21 So	0 27 6 38 12 30 19 15	3,1 0,4 3,5 0,2
7 So	0 53 7 03 12 56 19 28	3,1 0,5 3,3 0,5	22 Mo	1 15 7 23 13 15 19 58	3,1 0,3 3,5 0,3
8 Mo	1 25 7 33 13 27 19 57	3,1 0,5 3,3 0,5	23 Di	1 58 8 03 13 59 20 37	3,1 0,3 3,5 0,3
9 Di	1 54 8 00 13 57 20 25	3,0 0,4 3,2 0,4	24 Mi	2 36 8 40 14 39 21 12	3,1 0,4 3,5 0,5
10 Mi	2 25 8 31 14 29 20 59	3,0 0,5 3,2 0,4	25 Do	3 10 9 16 15 19 21 45	3,1 0,4 3,4 0,6
11 Do	2 58 9 05 15 03 21 31	3,0 0,5 3,2 0,5	26 Fr (	3 45 9 51 15 59 22 15	3,1 0,6 3,2 0,8
12 Fr	3 30 9 34 15 35 21 55	2,9 0,6 3,1 0,5	27 Sa	4 22 10 30 16 46 22 52	3,0 0,7 3,0 0,9
13 Sa)	4 01 10 01 16 11 22 24	2,9 0,7 3,0 0,7	28 So	5 09 11 23 17 46 23 50	2,9 0,8 2,8 1,0
14 So	4 41 10 46 17 03 23 19	2,8 0,8 2,9 0,8	29 Mo	6 15 12 42 19 06	2,9 0,9 2,7
15 Mo	5 43 12 00 18 21	2,8 0,8 2,9	30 Di	1 15 7 37 14 17 20 33	1,1 2,9 0,9 2,8
			31 Mi	2 46 8 59 15 41 21 48	1,1 3,0 0,8 2,9

● Neumond   ) erstes Viertel   ○ Vollmond   (letztes Viertel

UTC+ 1h00min (MEZ)

Bei Tiefenangaben in der Seekarte bezogen auf MSpNW: HW/NW Höhe - 0,5 m

Mittlere Tidenkurven für Norderney, Riffgat

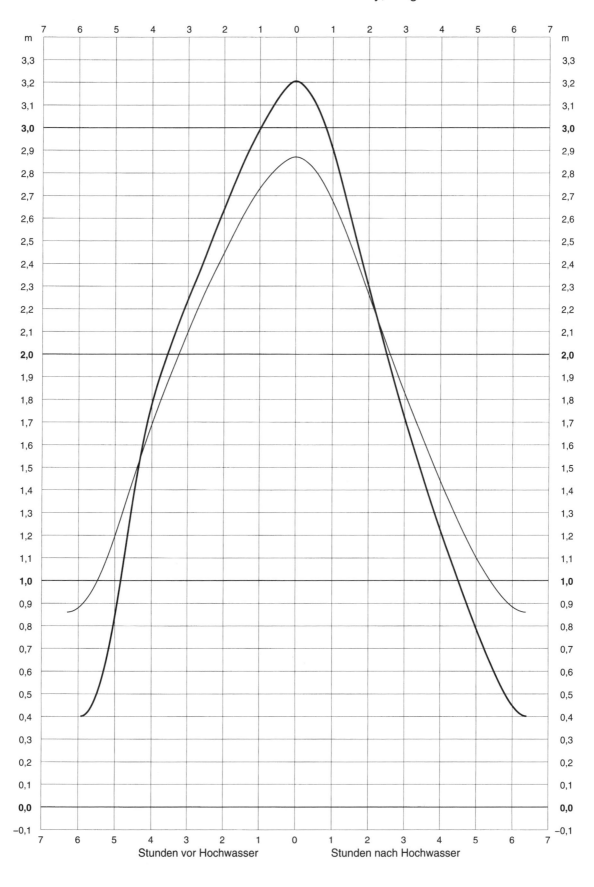

Stunden vor Hochwasser · Stunden nach Hochwasser

MSpNWH:	**0,40 m**	MNpNWH:	**0,86 m**	———— Springtide
MSpD (MSpSD):	**5,93 h**	MNpD (MNpSD):	**6,30 h**	———— Nipptide
MSpHWH:	**3,20 m**	MNpHWH:	**2,87 m**	MHW: 3,07 m
MSpD (MSpFD):	**6,39 h**	MNpD (MNpFD):	**6,37 h**	MNW: 0,60 m

Auszug aus Teil II

Gezeitenunterschiede
für die europäischen Anschlussorte

Nr.	Ort	Geographische Lage		mittlere Zeitunterschiede		mittlere Höhenunterschiede			
		Breite	Länge	HW	NW	HW		NW	
		° '	° '	h min Tf.5	h min Tf.5	m	m	m	m
						Mittlere Höhen des Bezugsortes			
Bezugsort:						**SpHW**	**NpHW**	**SpNW**	**NpNW**
509 A	**Helgoland (Seite 15-17)**	**54°11'N**	**7°53'E**			**3,2**	**2,8**	**0,5**	**0,9**
	UTC + 1 h 00min	**N**	**E**						
	Bundesrepublik Deutschland								
	Deutsche Bucht								
608	Elbe - Tonne	54 00	8 07	+ 0 11	*	*	*	*	*
609	Tonne Weser3/Jade2	53 52	7 47	- 0 11	*	*	*	*	*
611	Borkumriff - Tonne	53 47	6 22	- 2 10	*	*	*	*	*
						Mittlere Höhen des Bezugsortes			
Bezugsort:						**SpHW**	**NpHW**	**SpNW**	**NpNW**
505	**Büsum (Seite 25-27)**	**54°07'N**	**8°52'E**			**4,0**	**3,6**	**0,5**	**0,9**
	Norderpiep								
666	Blauort	54 10	8 40	- 0 14	+ 0 01	-0,2	-0,2	-0,1	0,0
	Süderpiep								
670	Süderpiep - Tonne	54 06	8 22	- 0 37	*	*	*	*	*
671	Tertius	54 08	8 39	- 0 17	+ 0 01	-0,1	-0,1	0,0	+0,1
	Norderelbe								
672	Norderelbe - Tonne	54 03	8 25	- 0 35	*	*	*	*	*
673	Trischen, West	54 04	8 38	- 0 21	+ 0 07	-0,2	-0,2	-0,1	+0,1
675 C	Mittelplate	54 01	8 44	- 0 03	+ 0 39	-0,1	-0,1	0,0	+0,1
						Mittlere Höhen des Bezugsortes			
Bezugsort:						**SpHW**	**NpHW**	**SpNW**	**NpNW**
506	**Cuxhaven (Seite 30-32)**	**53°52'N**	**8°43'E**			**3,8**	**3,4**	**0,5**	**0,9**
	Elbegebiet								
676 A	Großer Vogelsand, Leuchtturm	54 00	8 29	- 0 45	- 1 00	+0,1	+0,1	0,0	+0,1
676	Zehnerloch	53 57	8 40	- 0 22	- 0 31	0,0	0,0	0,0	0,0
677	Scharhörn	53 58	8 28	- 0 46	- 1 05	+0,1	+0,1	0,0	+0,1
678 W	Neuwerk	53 55	8 29	- 0 35	*	0,0	+0,1	*	*
681	Otterndorf	53 50	8 52	+ 0 29	+ 0 24	-0,1	-0,1	0,0	-0,1
682	Osteriff	53 51	9 02	+ 0 47	+ 0 54	-0,1	-0,1	0,0	-0,1
	Oste								
683	Belum	53 49	9 02	+ 0 58	+ 1 16	*	*	*	*
685	Hechthausen	53 38	9 15	+ 2 50	+ 3 52	*	*	*	*
	Oste								
687	Bremervörde	53 30	9 09	+ 4 51	+ 6 18 C1	*	*	*	*
688	Brokdorf	53 52	9 19	+ 1 42	+ 1 44	-0,2	-0,1	+0,1	-0,1
	Stör								
690	Stör - Sperrwerk, Außenpegel	53 50	9 24	+ 2 06	+ 2 06	-0,2	-0,1	+0,1	-0,1
691	Beidenfleth	53 53	9 25	+ 2 25	+ 2 45	*	*	*	*
691 R	Kasenort	53 55	9 25	+ 2 39	+ 3 12	*	*	*	*
692	Itzehoe	53 55	9 30	+ 3 12	+ 3 53	*	*	*	*
693	Breitenberg	53 56	9 38	+ 3 59	+ 4 52	*	*	*	*
695	Glückstadt	53 47	9 25	+ 2 13	+ 2 10	-0,2	-0,1	+0,1	-0,1
697	Krautsand	53 45	9 23	+ 2 16	+ 2 14	-0,2	-0,1	+0,1	-0,1
698	Kollmar (Kamperreihe)	53 44	9 28	+ 2 24	+ 2 26	-0,1	0,0	+0,1	-0,1
	Krückau								
700	Krückau - Sperrwerk, Außenpegel	53 43	9 32	+ 2 33	+ 2 41	-0,1	0,0	+0,1	-0,2
701	Kronsnest	53 43	9 35	+ 2 40	*	*	*	*	*
702	Elmshorn	53 45	9 39	+ 2 58	*	*	*	*	*

*   Keine Angaben

Nr.	Ort	Geographische Lage		mittlere Zeitunterschiede		mittlere Höhenunterschiede			
		Breite	Länge	HW	NW	HW		NW	
		° '	° '	h min Tf.5	h min Tf.5	m	m	m	m
						Mittlere Höhen des Bezugsortes			
	Bezugsort:					SpHW	NpHW	SpNW	NpNW
506	**Cuxhaven (Seite 30-32)**	**53°52'N**	**8°43'E**			**3,8**	**3,4**	**0,5**	**0,9**
	UTC + 1 h 00min	N	E						
703	Grauerort	53 41	9 30	+ 2 33	+ 2 39	-0,1	0,0	+0,1	-0,1
	Pinnau								
704	Pinnau - Sperrwerk, Außenpegel	53 40	9 33	+ 2 41	+ 2 55	0,0	0,0	+0,1	-0,2
705	Neuendeich	53 40	9 36	+ 2 54	+ 3 17	*	*	*	*
706	Uetersen	53 41	9 41	+ 3 12	+ 4 03	*	*	*	*
707	Pinneberg	53 40	9 47	+ 4 12	+ 6 27	*	*	*	*
	Schwinge								
709	Stadersand	53 38	9 32	+ 2 44	+ 2 52	0,0	+0,1	+0,1	-0,1
710	Stade	53 36	9 29	+ 2 48	+ 3 09	*	*	*	*
						Mittlere Höhen des Bezugsortes			
	Bezugsort:					SpHW	NpHW	SpNW	NpNW
111	**Norderney (Seite 60-62)**	**53°42'N**	**7°09'E**			**3,2**	**2,9**	**0,4**	**0,9**
	Ostfriesische Inseln und Küste								
777	Wangerooge, West	53 47	7 52	+ 0 30	+ 0 35	+0,5	+0,4	-0,1	0,0
778	Harlesiel	53 43	7 49	+ 0 35	*	+0,4	+0,4	*	*
780 A	Otzumer Balje - Tonne	53 48	7 37	- 0 01	*	*	*	*	*
779	Spiekeroog	53 45	7 41	+ 0 27	+ 0 28	+0,3	+0,3	0,0	0,0
780	Neuharlingersiel	53 42	7 42	+ 0 28	+ 0 36	+0,4	+0,4	-0,1	0,0
781 A	Accumer Ee - Tonne	53 47	7 24	- 0 05	*	*	*	*	*
781	Langeoog	53 43	7 30	+ 0 25	+ 0 24	+0,2	+0,2	0,0	0,0
782	Bensersiel	53 40	7 35	+ 0 28	+ 0 27	+0,3	+0,3	-0,1	0,0
783	Dornumer - Accumersiel	53 41	7 29	+ 0 25	+ 0 24	+0,3	+0,2	-0,1	-0,1
784	Baltrum, Westende	53 43	7 22	+ 0 03	+ 0 23	+0,1	+0,1	+0,1	+0,1

Tafel 1

Gezeitengrundwerte europäischer Bezugsorte. 2005

Seite	Bezugsort	Spring-ver-spätung		Mittlere Steig-dauer		Mittlere Fall-dauer		MSpHW	MNpHW	MSpNW	MNpNW	Art der Voraus-berechnung	Voraus-berechnung durch
		d	h	h	min	h	min	m	m	m	m		
2	Ekaterinskaja	1	10	06	05	06	20	3,65	2,98	0,56	1,33	H.V.	DE
6	Narvik	1	03	06	01	06	24	3,30	2,51	0,50	1,20	H.V.	NO
10	Bergen	1	00	06	21	06	04	1,53	1,21	0,27	0,63	H.V.	NO
14	Helgoland	1	09	05	40	06	45	3,17	2,82	0,47	0,87	H.U.	DE
19	Husum	1	09	06	04	06	21	4,30	3,89	0,39	0,90	H.U.	DE
24	Büsum	1	09	06	20	06	05	4,03	3,63	0,47	0,90	H.U.	DE
29	Cuxhaven	1	10	05	33	06	52	3,78	3,39	0,48	0,88	H.U.	DE
34	Brunsbüttel	1	09	05	24	07	01	3,56	3,20	0,48	0,75	H.U.	DE
39	Hamburg	1	12	05	08	07	17	4,14	3,79	0,33	0,51	H.U.	DE
44	Bremerhaven	1	09	06	12	06	13	4,56	4,14	0,39	0,88	H.U.	DE
49	Bremen	1	12	05	17	07	08	4,71	4,21	0,27	0,54	H.U.	DE
54	Wilhelmshaven	1	09	06	16	06	09	4,73	4,27	0,46	1,04	H.U.	DE
59	Norderney	1	08	06	04	06	21	3,20	2,87	0,45	0,86	H.U.	DE
64	Borkum	1	06	06	06	06	19	3,14	2,85	0,45	0,84	H.U.	DE
69	Emden	1	06	06	10	06	15	4,01	3,67	0,46	0,88	H.U.	DE
74	West-Terschelling	1	07	06	18	06	07	2,32	2,06	0,20	0,52	N.V.	NL
78	Hoek van Holland	1	21	06	47	05	38	2,14	1,72	0,24	0,24	N.V.	NL
82	Vlissingen	1	19	05	57	06	28	4,75	3,87	0,28	0,85	N.V.	NL
86	Le Havre	1	07	05	24	07	01	7,90	6,60	1,20	2,85	H.V.	FR
90	Saint Malo	1	14	05	33	06	52	12,20	9,30	1,50	4,25	H.V.	FR
94	Brest	1	07	06	02	06	23	6,95	5,40	1,05	2,60	H.V.	FR
98	Plymouth	1	04	06	11	06	14	5,55	4,39	0,76	2,16	H.V.	GB
102	Southampton	1	01	06	45	05	40	4,54	3,75	0,46	1,77	H.C.	GB
106	Portsmouth	1	01	06	53	05	32	4,74	3,80	0,80	1,84	H.C.	GB
110	Dover	1	07	05	09	07	16	6,80	5,30	0,80	2,10	H.C.	GB
114	London Bridge	1	17	06	03	06	22	7,14	5,93	0,50	1,36	H.C.	GB
118	Immingham	1	08	06	04	06	21	7,26	5,76	0,86	2,56	H.V.	GB
122	Leith	1	10	06	30	05	55	5,60	4,40	0,80	2,00	H.C.	GB
126	Aberdeen	1	03	06	18	06	07	4,27	3,41	0,64	1,65	H.V.	GB
130	Ullapool	0	17	06	06	06	19	5,18	3,90	0,73	2,10	H.V.	GB
134	Oban	0	23	06	10	06	15	3,99	2,93	0,73	1,77	H.V.	GB
138	Greenock	1	21	06	48	05	37	3,49	2,88	0,26	0,94	H.C.	GB
142	Liverpool	1	00	05	37	06	48	9,33	7,44	0,94	2,87	H.C.	GB
146	Avonmouth	1	04	05	50	06	35	13,20	9,80	1,02	3,80	H.C.	GB
150	Cobh	1	06	05	52	06	33	4,10	3,20	0,40	1,30	H.V.	GB
154	Pointe de Grave	1	00	06	28	05	57	5,40	4,40	1,05	2,10	H.V.	FR
158	Lissabon	0	20	06	32	05	53	3,79	2,95	0,60	1,47	H.V.	PT
162	Gibraltar	1	00	06	39	05	46	0,99	0,74	0,08	0,33	H.V.	GB

Abkürzungen:

H.C. = Harmonisches Verfahren mit Verbesserungen
H.U. = Harmonische Darstellung der Ungleichheiten
H.V. = Harmonisches Verfahren
N.V. = Nonharmonisches Verfahren

DE = Bundesamt für Seeschifffahrt und Hydrographie, Hamburg
FR = Service Hydrographique et Océanographique de la Marine, Brest
GB = Hydrographic Office, Taunton Somerset
NL = Directoraat-Generaal Rijkswaterstaat, Den Haag
NO = Norwegian Hydrographic Service, Stavanger
PT = Marinha Instituto Hidrográfico, Lissabon

Tafel 2

Spring-, Mitt- und Nipp-Zeiten. 2005

Tag	Jan	Feb	Mrz	Apr	Mai	Jun	Jul	Aug	Sep	Okt	Nov	Dez	Tag
1	Mt	Mt	Mt	Mt	Np	Np	Np	Mt	Mt	Mt	Mt	Sp	1
2	Mt	Np	Mt	Np	Np	Np	Mt	Mt	Mt	Mt	Sp	Sp	2
3	Np	Np	Np	Np	Np	Mt	Mt	Mt	Sp	Sp	Sp	Sp	3
4	Np	Np	Np	Np	Np	Mt	Mt	Mt	Sp	Sp	Sp	Sp	4
5	Np	Np	Np	Np	Mt	Mt	Mt	Sp	Sp	Sp	Sp	Mt	5
6	Np	Mt	Np	Mt	Mt	Mt	Sp	Sp	Sp	Sp	Mt	Mt	6
7	Mt	Mt	Mt	Mt	Mt	Sp	Sp	Sp	Mt	Mt	Mt	Mt	7
8	Mt	Sp	Mt	Sp	Sp	Sp	Sp	Sp	Mt	Mt	Mt	Np	8
9	Mt	Sp	Mt	Sp	Sp	Sp	Sp	Mt	Mt	Mt	Np	Np	9
10	Sp	Sp	Sp	Sp	Sp	Sp	Mt	Mt	Mt	Np	Np	Np	10
11	Sp	Sp	Sp	Sp	Sp	Mt	Mt	Mt	Np	Np	Np	Np	11
12	Sp	Mt	Sp	Mt	Mt	Mt	Mt	Mt	Np	Np	Np	Mt	12
13	Sp	Mt	Sp	Mt	Mt	Mt	Mt	Np	Np	Np	Mt	Mt	13
14	Mt	Mt	Mt	Mt	Mt	Mt	Np	Np	Np	Mt	Mt	Mt	14
15	Mt	Mt	Mt	Mt	Mt	Np	Np	Np	Mt	Mt	Mt	Sp	15
16	Mt	Np	Mt	Np	Np	Np	Np	Np	Mt	Mt	Sp	Sp	16
17	Np	Np	Np	Np	Np	Np	Np	Mt	Mt	Sp	Sp	Sp	17
18	Np	Np	Np	Np	Np	Np	Mt	Mt	Sp	Sp	Sp	Sp	18
19	Np	Np	Np	Np	Np	Mt	Mt	Sp	Sp	Sp	Sp	Mt	19
20	Np	Mt	Np	Mt	Mt	Mt	Mt	Sp	Sp	Sp	Mt	Mt	20
21	Mt	Mt	Mt	Mt	Mt	Mt	Sp	Sp	Sp	Mt	Mt	Mt	21
22	Mt	Mt	Mt	Mt	Mt	Sp	Sp	Sp	Mt	Mt	Mt	Mt	22
23	Mt	Mt	Mt	Mt	Sp	Sp	Sp	Mt	Mt	Mt	Np	Np	23
24	Mt	Sp	Mt	Sp	Sp	Sp	Sp	Mt	Mt	Mt	Np	Np	24
25	Sp	Sp	Sp	Sp	Sp	Sp	Mt	Mt	Np	Np	Np	Np	25
26	Sp	Sp	Sp	Sp	Sp	Mt	Mt	Np	Np	Np	Np	Np	26
27	Sp	Sp	Sp	Sp	Mt	Mt	Mt	Np	Np	Np	Mt	Mt	27
28	Sp	Mt	Sp	Mt	Mt	Np	Np	Np	Np	Np	Mt	Mt	28
29	Mt		Mt	Mt	Mt	Np	Np	Np	Mt	Mt	Mt	Mt	29
30	Mt		Mt	Mt	Np	Np	Np	Mt	Mt	Mt	Mt	Mt	30
31	Mt		Mt		Np		Np	Mt		Mt		Sp	31

Die Springverspätung ist bereits berücksichtigt worden.

Tafel 3

Mondphasen. 2005

	Letztes Viertel		Neumond		Erstes Viertel		Vollmond		Letztes Viertel		˘Neumond	
	Tag	Zeit	Tag	Zeit	Tag	Zeit	Tag	Zeit	Tag	Zeit	Tag	Zeit
Januar	3	17 46	10	12 03	17	6 57	25	10 32				
Februar	2	7 27	8	22 28	16	0 16	24	4 54				
März	3	17 36	10	9 10	17	19 19	25	20 58				
April	2	0 50	8	20 32	16	14 37	24	10 06				
Mai	1	6 24	8	8 45	16	8 56	23	20 18	30	11 47		
Juni			6	21 55	15	1 22	22	4 14	28	18 23		
Juli			6	12 02	14	15 20	21	11 00	28	3 19		
August			5	3 05	13	2 38	19	17 53	26	15 18		
September			3	18 45	11	11 37	18	2 01	25	6 41		
Oktober			3	10 28	10	19 01	17	12 14	25	1 17		
November			2	1 25	9	1 57	16	0 57	23	22 11		
Dezember			1	15 01	8	9 36	15	16 15	23	19 36	31	3 12

UTC

25

Namensverzeichnis der Anschlussorte

Auszug aus dem Gezeitenstromatlas

Die Strömungen in der Deutschen Bucht

des BSH (Nr. 2347)

Benutzung des Stromatlasses

Im Begleitheft für den Sportküstenschifferschein sind 5 Gezeitenstromkarten (in Oberflächennähe) für die **Springzeit** und 5 Gezeitenstromkarten (in Oberflächennähe) für die **Nippzeit** für die Deutsche Bucht im Bereich der Jade – Weser – Elbemündung und Helgoland usw. enthalten, und zwar jeweils von 2 Stunden vor Hochwasser bis 2 Stunden nach Hochwasser (HW) Helgoland (Seiten 28 bis 37).

Die Strompfeile in den Gezeitenstromkarten weisen in Stromrichtung (immer rechtweisend!). Der Ursprung (Anfang) des Pfeils kennzeichnet jeweils den Ort der Messungen (großer Pfeil) oder der Modellrechnungen (kleiner Pfeil). Die Zahlen geben die Stromgeschwindigkeit in kn (sm/h) an, wobei aus Darstellungsgründen als Dezimalzeichen der Punkt verwendet und auf die vorangehende Null verzichtet wird.

Das jeweilige Alter der Gezeit (Spring-, Mitt- oder Nippzeit) ist der Tafel 2 der Gezeitentafeln 2005 zu entnehmen (Seite 25). Bezugsort ist Helgoland (Seiten 8 bis 11).

Beispiel:
1. Wie setzt der Strom am **26.04.05 um 12.00 (Uhr) MESZ** westlich von Helgoland auf der Position φ = 54°11' N   λ = 007°37' E?
2. Wie setzt der Strom zur Nippzeit 2 h vor HW an der gleichen Stelle?

Lösung:
1. Nach Tafel 2 herrscht am 26.04.05 Springzeit (SpZ). Das nächstgelegene Hochwasser tritt in Helgoland am 26.04.05 um **13.03 MEZ** ein (= 14.03 MESZ!). Man befindet sich um 12.00 MESZ also 2 h vor HW Helgoland.
   Der Gezeitenstromkarte Springzeit 2 h vor HW Helgoland ist für die vorstehende Position folgende Stromrichtung und Stromstärke zu entnehmen: **ca. 111° (rw) mit 1,2 kn**
   [Anmerkung: In der Seekarte BA 1875 befindet sich ca. 5 sm westlich der obigen Position bei der **Großtonne GB** in Magentafarbe der Buchstabe **C** in einer Raute. Zur Springzeit liest man für 2 h vor HW Helgoland in der Seekarte unter dem Buchstaben C ab: 110° mit 1,2 kn. Die Angaben im Gezeitenstromatlas und in der Seekarte stimmen also überein, 1° Richtungsunterschied sind hierbei ohne Bedeutung].

2. Zur Nippzeit ist dem Gezeitenstromatlas 2 h vor HW Helgoland für die obige Position folgende Stromrichtung und Stromstärke zu entnehmen: **ca. 110° (rw) mit 0,9 kn**
   [Die Seekarte weist hier beim Buchstaben **C** aus: 110° mit 0,8 kn, also ebenfalls weitgehend Übereinstimmung. 0,1 kn Geschwindigkeitsunterschied sind hierbei ohne Bedeutung].

Springzeit: Gezeitenstrom in Oberflächennähe 2 h vor HW Helgoland

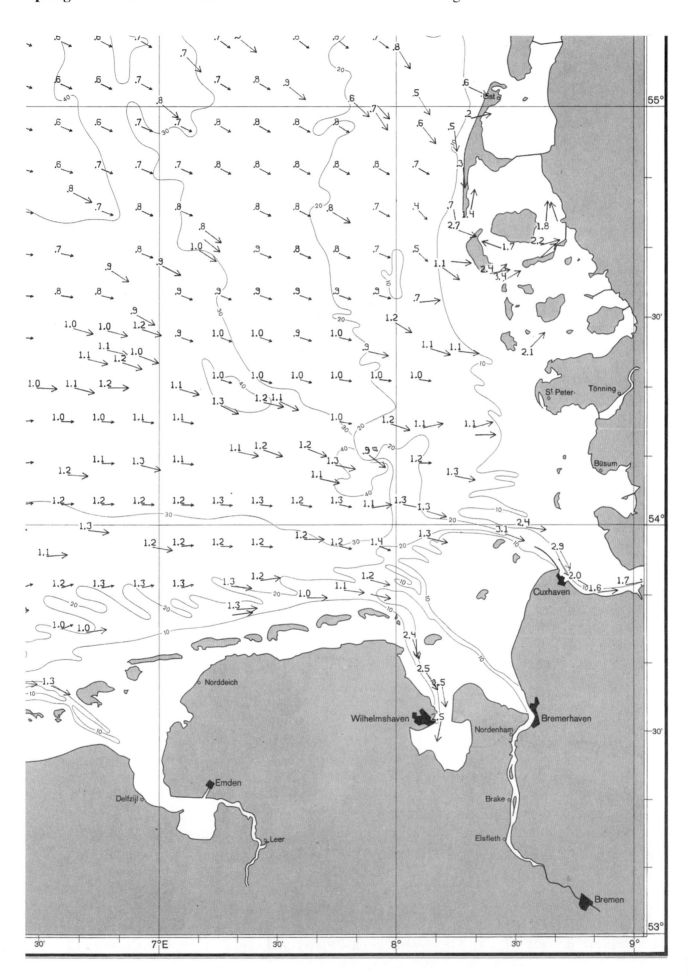

Springzeit: Gezeitenstrom in Oberflächennähe 1 h vor HW Helgoland

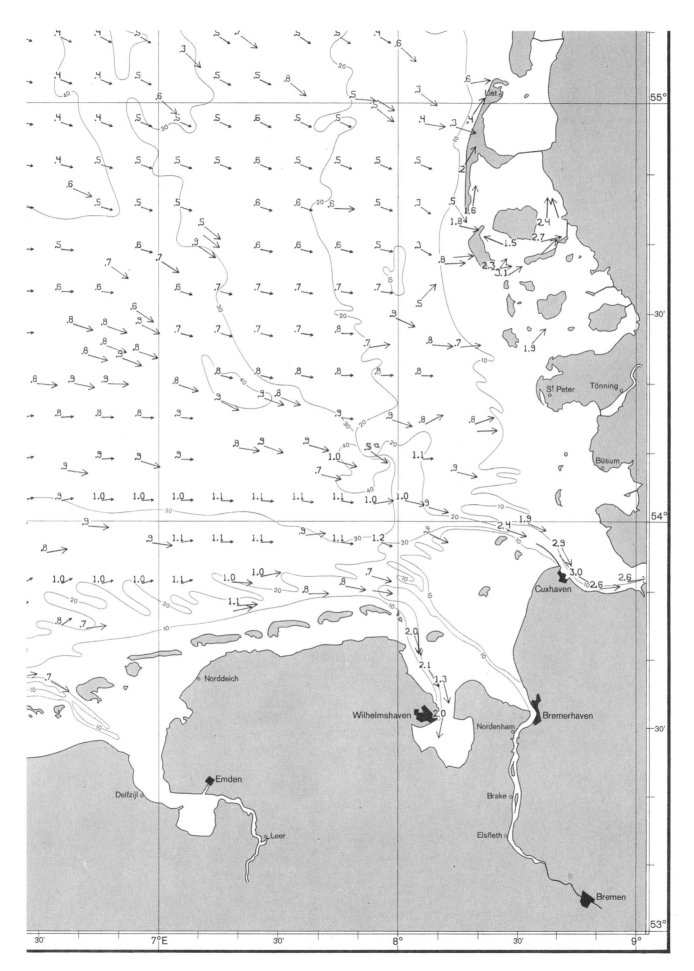

Springzeit: Gezeitenstrom in Oberflächennähe HW Helgoland

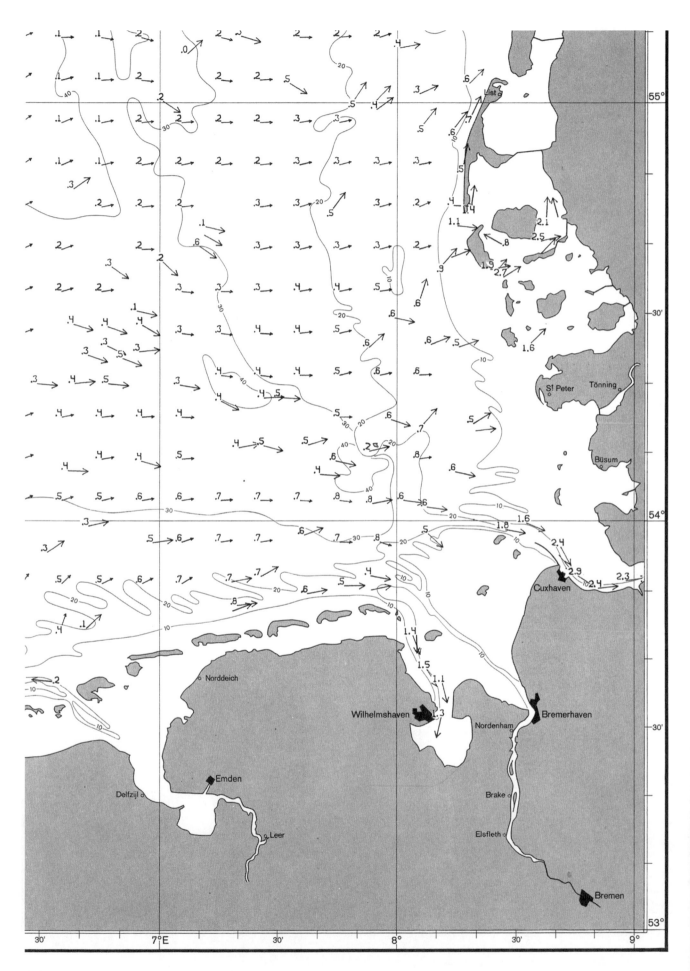

Springzeit: Gezeitenstrom in Oberflächennähe 1 h nach HW Helgoland

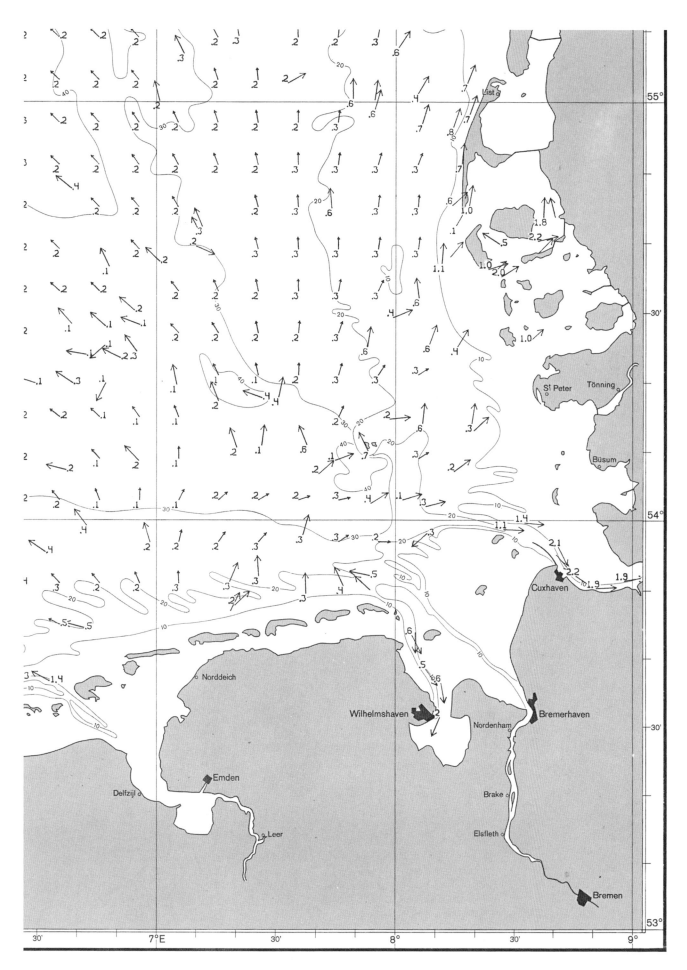

Springzeit: Gezeitenstrom in Oberflächennähe 2 h nach HW Helgoland

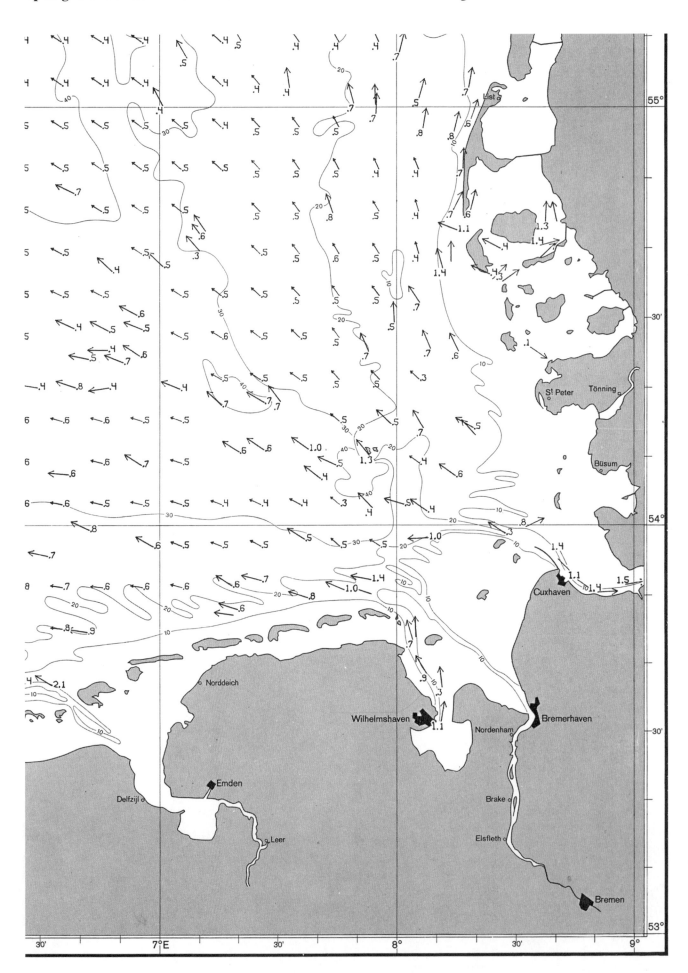

Nippzeit: Gezeitenstrom in Oberflächennähe 2 h vor HW Helgoland

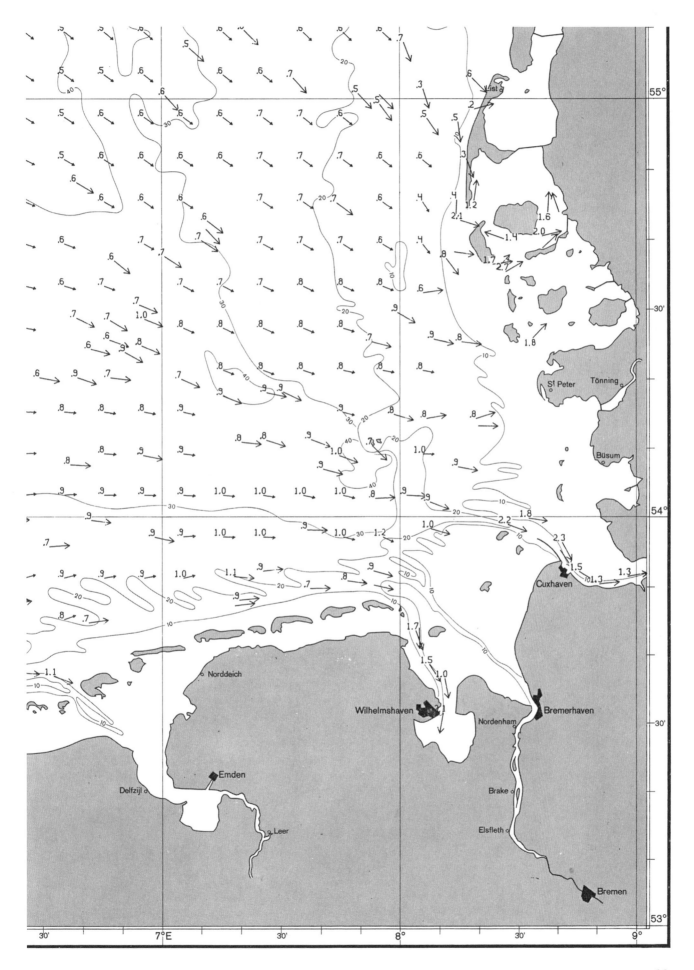

Nippzeit: Gezeitenstrom in Oberflächennähe 1 h vor HW Helgoland

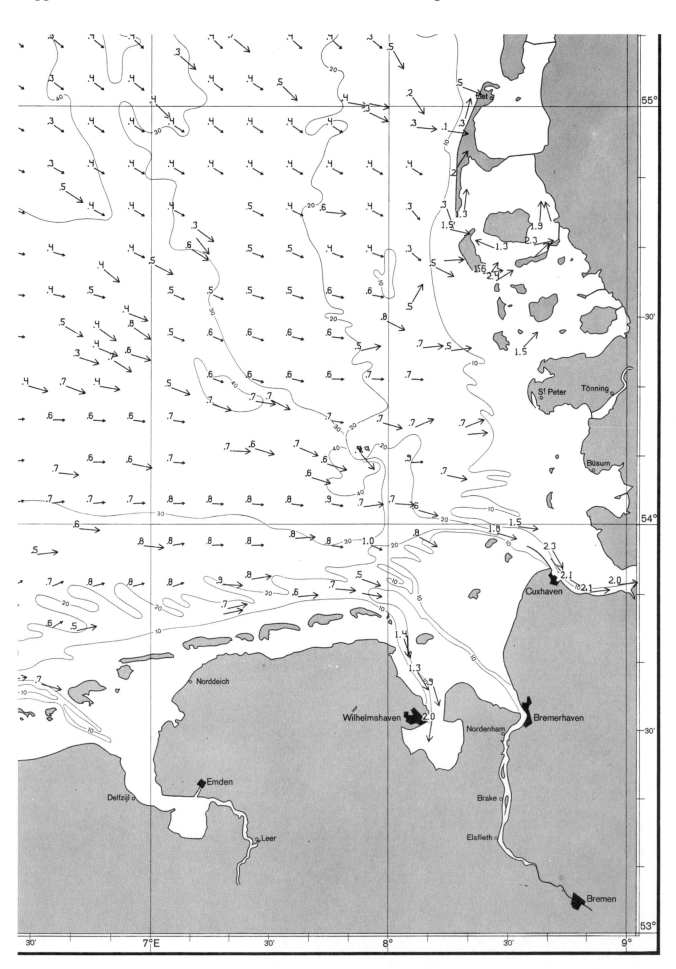

Nippzeit: Gezeitenstrom in Oberflächennähe HW Helgoland

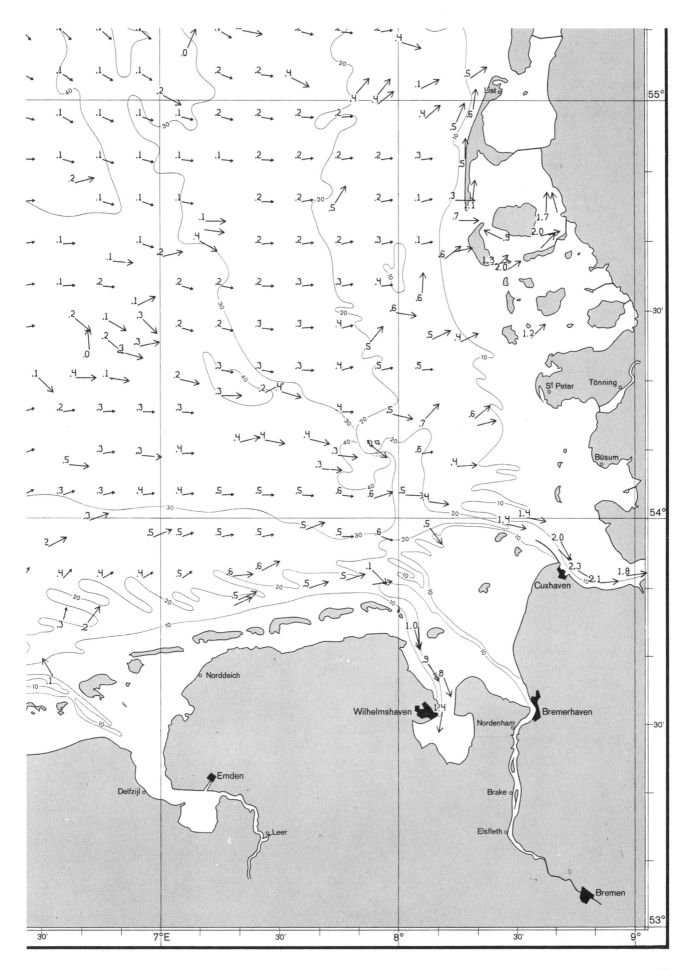

Nippzeit: Gezeitenstrom in Oberflächennähe 1 h nach HW Helgoland

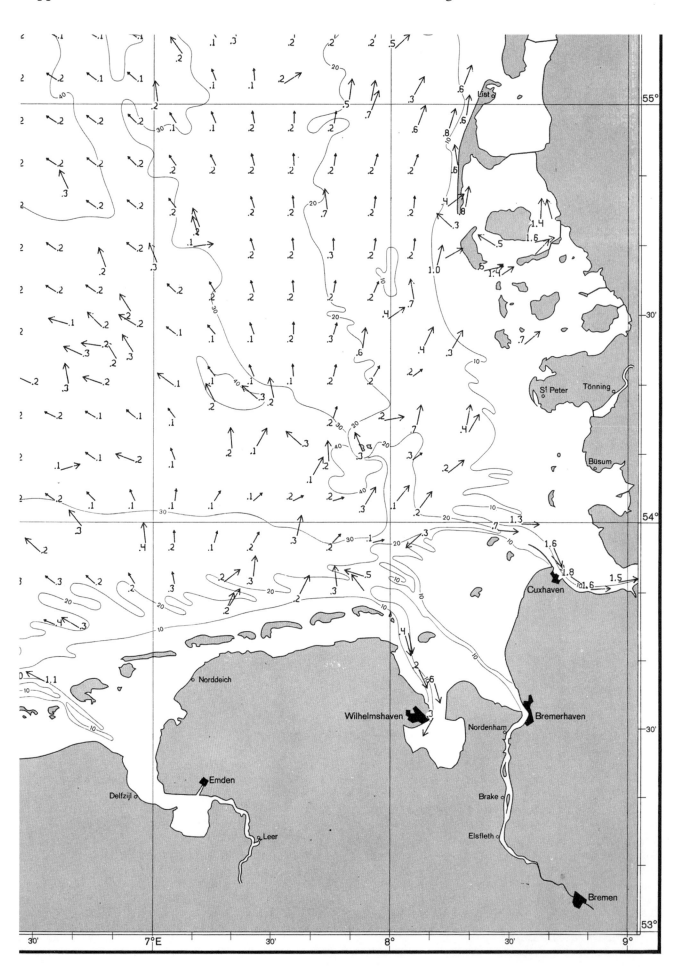

Nippzeit: Gezeitenstrom in Oberflächennähe 2 h nach HW Helgoland

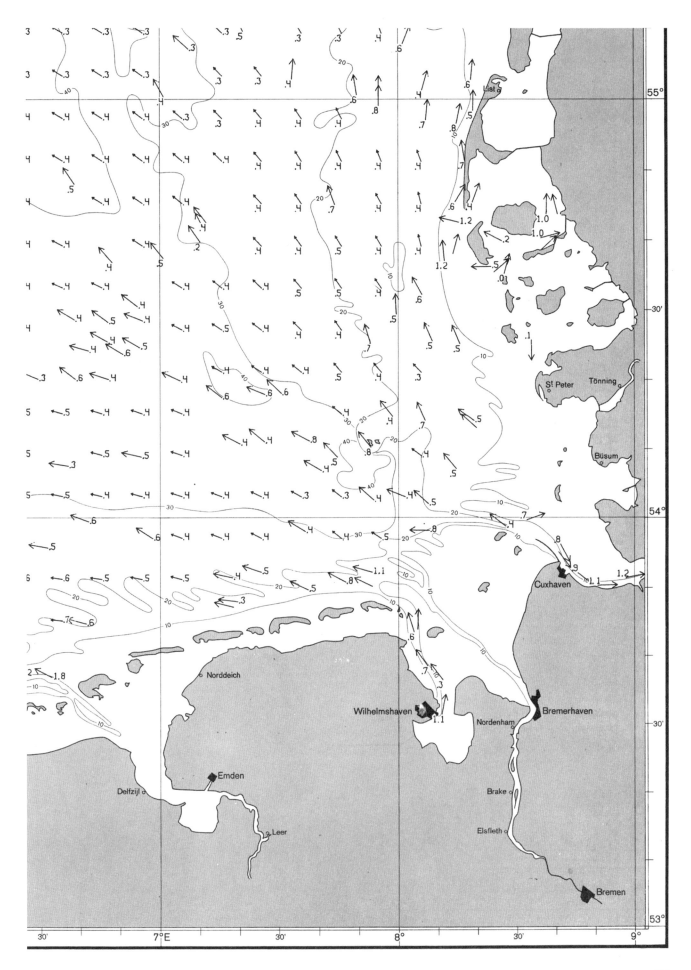

Nr. 4002

BSH

BUNDESAMT FÜR
SEESCHIFFFAHRT
UND
HYDROGRAPHIE

Leuchtfeuerverzeichnis
Teil 2

Westliche Ostsee und
Ostseezufahrten

**Abgeschlossen mit „Nachrichten für Seefahrer"
Heft 4 vom 23. Januar 2004**

Einleitung

Das Leuchtfeuerverzeichnis enthält Beschreibungen der Leuchtfeuer und Großtonnen an der W-lichen Ostsee und den Ostseezufahrten.

Die Angaben sind, sofern nicht neuere Mitteilungen (Schreiben der zuständigen Seezeichenbehörden, Nachrichten für Seefahrer) vorlagen, stets den neuesten amtlichen Quellen des betreffenden Staates entnommen worden.

Das Leuchtfeuerverzeichnis wird nach Möglichkeit auf dem neuesten Stand und frei von Irrtümern gehalten. Eine unbedingte Gewähr für die Richtigkeit kann jedoch nicht übernommen werden. Daher muss bei der Navigation stets mit der Möglichkeit von unzutreffenden Angaben gerechnet werden. Sofern verschiedene Veröffentlichungen inhaltlich einander widersprechen, sind zunächst die für die Schiffsführung ungünstigsten Angaben anzunehmen.

Zur Berichtigung werden den NfS-Heften Deckblätter für das Leuchtfeuerverzeichnis beigelegt. Die Deckblätter sind auszuschneiden und bei der entsprechenden Nummer einzukleben. Wenn auf dem Deckblatt nichts anderes vermerkt ist, ersetzt dieses alle bisherigen Angaben bzw. Deckblätter. Alte Deckblätter sind entsprechend zu entfernen. Kleinere Änderungen können nach den Angaben der Deckblätter handschriftlich vorgenommen werden.

Weitere Angaben über die Berichtigung und den Vertrieb des Leuchtfeuerverzeichnisses s. Handbuch für Brücke und Kartenhaus.

Störungen an Schifffahrtszeichen anderer Länder sollen als Gefahrenmeldungen an die nächsten Küstenfunkstellen gegeben werden; sie brauchen dem Bundesamt für Seeschifffahrt und Hydrographie nicht gemeldet zu werden, wenn mit einer Beseitigung der Störung in kurzer Zeit zu rechnen ist.

Angaben über Störungen an Schifffahrtszeichen im deutschen Zuständigkeitsbereich sind unverzüglich der Seewarndienstzentrale Cuxhaven oder der Verkehrszentrale des zuständigen Wasser- und Schifffahrtsamtes mitzuteilen. Näheres s. Handbuch für Brücke und Kartenhaus.

Bundesamt für Seeschifffahrt und Hydrographie

Hamburg und Rostock

Erläuterungen

1 Schifffahrtszeichen

1.1 **Das Handbuch für Brücke und Kartenhaus** enthält im Abschnitt 4 allgemeine Angaben über Schifffahrtszeichen, ihre Funktionen und ihren Betrieb.

1.2 **Angaben über die Feuerkennungen** im Leuchtfeuerverzeichnis sind die international üblichen und werden in den meisten Seekarten verwendet.
Abkürzungen und Bedeutung der deutschen und englischen (internationalen) Kennungen sowie Farbangaben s. unten.

F.	Festfeuer	
F	*Fixed*	

Ubr.	Unterbrochenes Feuer mit Einzelunterbrechungen	
Oc	*Single-occulting*	– Wiederkehr –
Ubr. (2) Beispiel	Unterbrochenes Feuer mit Gruppen	
Oc (2)	*Group-occulting*	– Wiederkehr –
Ubr. (2+3) Beispiel	Unterbrochenes Feuer mit verschieden Gruppen	
Oc (2+3)	*Composite group-occulting*	– Wiederkehr –

Glt.	Gleichtaktfeuer	
Iso	*Isophase*	– Wiederkehr –

Blz.	Blitzfeuer mit Einzelblitzen	
Fl	*Single-flashing*	– Wiederkehr –
Blz. (3) Beispiel	Blitzfeuer mit Gruppen von Blitzen	
Fl (3)	*Group-flashing*	– Wiederkehr –
Blz. (2+1) Beispiel	Blitzfeuer mit verschiedenen Gruppen	
Fl (2+1)	*Composite group-flashing*	– Wiederkehr –
Blk.	Blinkfeuer	
LFl	*Long-flashing*	– Wiederkehr –

Abkürzung	Beschreibung	Kennung
Fkl.	Funkelfeuer mit dauerndem Funkeln	
Q	*Continuous quick*	
Fkl. (3) / — Beispiel —	Funkelfeuer mit Gruppen von Funkeln	
Q (3)	*Group quick*	– Wiederkehr –
Fkl. unt.	Unterbrochenes Funkelfeuer	
IQ	*Interrupted quick*	– Wiederkehr –

Abkürzung	Beschreibung	Kennung
SFkl.	Schnelle Funkelfeuer mit dauerndem schnellen Funkeln	
VQ	*Continuous very quick*	
SFkl. (3) / — Beispiel —	Schnelles Funkelfeuer mit Gruppen von schnellen Funkeln	
VQ (3)	*Group very quick*	– Wiederkehr –
SFkl. unt.	Unterbrochenes schnelles Funkelfeuer	
IVQ	*Interrupted very quick*	– Wiederkehr –

Abkürzung	Beschreibung	Kennung
UFkl.	Ultra-Funkelfeuer mit dauerndem Ultra-Funkeln	
UQ	*Continuous ultra quick*	
UFkl. unt.	Unterbrochenes Ultra-Funkelfeuer	
IUQ	*Interrupted ultra quick*	– Wiederkehr –
Mo. (K) / — Beispiel —	Morsefeuer	
Mo (K)	*Morse Code*	– Wiederkehr –
F. Blz.	Festfeuer und Blitze (Mischfeuer)	
FFl	*Fixed and flashing*	– Wiederkehr –
Wchs. w. r.	Wechselfeuer	R W R W R W
Al. WR	*Alternating*	– Wiederkehr –

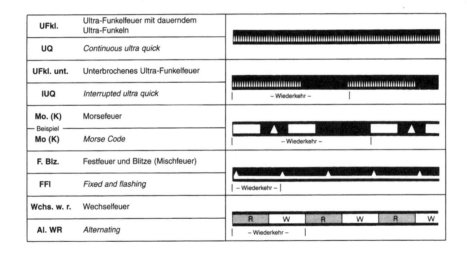

42

w. **W**	Weiß (nur bei Sektoren- u. Wechselfeuern) *White (only on sector- and alternating lights)*
r. **R**	Rot *Red*
gn. **G**	Grün *Green*
bl. **Bu**	Blau *Blue*
viol. **Vi**	Violett *Violet*
g. **Y**	Gelb *Yellow*
or. **Or**	Orange *Orange*
or. **Am**	Bernsteinfarben *Amber*

2   Benutzungshinweise

Nummer Int. Nr.	Name Feuerträger (Höhe über Erdboden) Breite Länge	Kennung/Wiederk. Nenn-Tw. Höhe Zeitmaße Sektoren Bemerkungen
Number Int. No.	**Name** Structure (Height) Latitude Longitude	**Charact./Period Nom./Range Elevation** Phase Sectors Remarks
z. B. **02600** C 1216	e. g.: **Bülk** w. Turm mit s. Band und zwei Galerien (25 m), Wärterhaus auf der Huk 54° 27' N 010° 12' E	**Fl. WRG. 3 s** 14/11/10 M **29 m** 0,7+(2,3) s W 127°–146, R –213, G –228, W –235,5, R –238,5, W –262, G –043° **Horn Mo (B) 30 s** 9+(21) s

2.1   Linke Spalte. Am Außenende ist unter der lfd. Nummer die internationale Nummer angegeben.

Das Verzeichnis der internationalen Nummern mit Hinweisen über Zweck und Gebrauch befindet sich am Schluss der Namenliste.

Es folgt der Name, die Beschreibung des Feuerträgers, in Klammern seine Höhe über dem Erdboden, sein Standort und seine geographische Lage.

Höhe des Turmes, Hauses, Trägers usw. über dem Erdboden (Spalte 2 in Klammern). Für diese Höhe kommen in den einzelnen Staaten verschiedene Maße in Betracht, und zwar die

Höhe des Firstes,

Höhe der Spitze des Laternendaches,

Höhe der Wetterfahne,

Höhe der Lichtquelle usw.

über dem Erdboden oder über der Grundfläche des Bauwerkes.

Für die Leuchttürme usw. an der deutschen Küste gilt die Höhe des Dachfirstes, bei Baken die Höhe des Toppzeichens über dem Erdboden. Als First gilt die Spitze oder Bekrönung des Daches, z. B. der Turmknauf. Blitzableiter, Wetterfahnen, Flaggenstangen und andere weniger gut sichtbare Zubehörteile bleiben außer Betracht.

Die **geographische Lage** ist auf Minuten angegeben und soll **lediglich** zum schnellen Auffinden eines Feuers in der Karte dienen.

Die L ä n g e bezieht sich stets auf den Nullmeridian.

2.2 Die **rechte Spalte** enthält in der 1. Z e i l e die K e n n u n g des Feuers, ferner die W i e d e r k e h r in Sekunden, die N e n n t r a g w e i t e in Seemeilen und die H ö h e d e s F e u e r s über Wasser in Metern.

Bestehen Sektorenfeuer aus Sektoren mit verschiedenen Kennungen, können diese in zwei oder mehr Zeilen untereinanderstehen.

In den f o l g e n d e n Z e i l e n stehen der Reihenfolge nach

die Z e i t m a ß e, wobei die Verdunkelung in Klammern gesetzt ist,

die S e k t o r e n, hinter einzelnen Sektoren die Tragweite, wenn diese von der normalen Tragweite des Feuers abweicht,

etwaige Angaben über das Feuer wie Brennzeit, zeitweilige Veränderungen oder sonstige Bemerkungen,

der Vermerk über N e b e l s c h a l l z e i c h e n, wobei die Pausen in Klammern gesetzt sind, gegebenenfalls der Vermerk über N e b e l f e u e r mit monochromatisch gelbem Licht, die bei verminderter Sicht betrieben werden, und allgemeine Bemerkungen.

Nenntragweite, Tragweite und geographische Sichtweite s. Abschnitt 5.

Feuerhöhe. Für die Leuchtfeuer gilt im allgemeinen als Feuerhöhe die Höhe der Lichtquelle in Gewässern mit Gezeiten über mittlerem Hochwasser, in gezeitenlosen Gewässern die über mittlerem Wasserstand.

Richtungsangaben. Peilungen, Kurse und Richtlinien sind rechtweisend in Graden von 000° bis 360°, Peilungen der einzelnen Sektoren eines Feuers stets rechtsherum zählend und von See bzw. vom Schiff aus angegeben.

Brennzeit. Die Brennzeit der Feuer wird nur angegeben, wenn das Feuer **nicht** das ganze Jahr hindurch in Betrieb gehalten wird.

Tagesfeuer sind Feuer, die auch am Tage brennen.

2.3 **Beim Ausmachen der Kennung eines Feuers** ist folgendes zu beachten:

Die T a k t k e n n u n g der Leuchtfeuer ist durch die Anordnung der Erscheinungen (Blitze, Blinke oder Unterbrechungen) gegeben. Die Zeitmaße der Lichterscheinungen, Pausen und Unterbrechungen, können zeitweise von den Angaben des Leuchtfeuerverzeichnisses abweichen.

D a u e r d e r L i c h t e r s c h e i n u n g: Die Dauer der Blitze und Blinke ändert sich scheinbar mit der Entfernung des Beobachters vom Feuer; sie kann an den Grenzen der Tragweite viel geringer erscheinen als in der rechten Spalte angegeben.

Die Zeitmaße sind ferner Änderungen unterworfen durch Temperaturschwankungen, allmähliches Verschmutzen der Dreheinrichtung usw.

F e s t f e u e r m i t B l i n k e n o d e r B l i t z e n: Da die Blinke oder Blitze lichtstärker sind als das Festfeuer und daher auch weiter leuchten, hat dieses Feuer von einer gewissen Entfernung ab das Aussehen eines Blink- oder Blitzfeuers.

F a r b e: Auf große Entfernung und bei unsichtigem Wetter können die weißen und zuweilen sogar auch die grünen Feuer rötlich aussehen, sodass sie für rote Feuer gehalten werden können.

V e r s c h i e d e n f a r b i g e L i c h t e r s c h e i n u n g e n eines Feuers: Die verschiedenfarbigen Lichterscheinungen eines Feuers sind im allgemeinen nicht gleich weit sichtbar. Da das weiße Licht durch Farbscheiben verschiedener Lichtdurchlässigkeit gefärbt wird, können grüne Lichter bereits verschwunden sein, während rote und weiße noch gut zu erkennen sind. Schließlich können auch die roten Lichter verschwunden sein, sodass nur noch die weißen Lichter allein ausgemacht werden können.

Das Gleiche kann auch bei W e c h s e l f e u e r n eintreten.

Beim Ausmachen von gleichgängigen R i c h t f e u e r n ist besondere Vorsicht geboten. Es k a n n unter bestimmten Sichtverhältnissen vorkommen, dass sich das eine in Sicht befindliche Feuer im Wasser oder auf einer glatten Eisfläche spiegelt, so dass der Beobachter den Eindruck hat, beide Feuer in Sicht und Linie zu haben, während das andere tatsächlich noch verdeckt ist. Es wird daher empfohlen, vor der Benutzung von Richtfeuern die Richtlinie durch Peilung zu prüfen.

Bei F e u e r n und G r o ß t o n n e n muss man stets berücksichtigen, dass ein Verlöschen des Feuers, eine Beeinträchtigung oder Änderung der Feuerkennung sowie Verringerung der Lichtstärke nicht ausgeschlossen ist. Ferner ist ein Vertreiben der Feuerschiffe und Großtonnen infolge schwerer See oder aus anderen Ursachen möglich. Die Beseitigung eingetretener Störungen bei weit vor der Küste ausliegenden Großtonnen kann wegen der weiten Entfernung der Versorgungsstelle zuweilen längere Zeit in Anspruch nehmen.

2.4 **Luftfahrtfeuer** sind infolge ihrer großen Lichtstärke und ihres oftmals aufwärts gerichteten Lichtkegels häufig viel weiter sichtbar als die für die Schifffahrt bestimmten Leuchtfeuer. Jedoch ist ihre Position in vielen Fällen nur angenähert bekannt; zuweilen brennen sie nur für kurze Zeit und werden plötzlich gelöscht. Da sie nicht von den Seezeichenbehörden betreut werden, kann ihr Standort, ihre Farbe oder Kennung geändert werden, bevor die Schifffahrt durch die Nachrichten für Seefahrer unterrichtet worden ist.

Nebelsuchfeuer und Sichtweitenmessgeräte (SMG) sind Einrichtungen, die physikalisch die meteorologische Sichtweite durch Messung einer Größe ermitteln, die sich auf die Eigenschaften der Atmosphäre beziehen. Zur Messung können Lichtblitze (z. B. 200 Blitze pro Minute) verwendet werden, die nautisch jedoch keine Bedeutung haben.

2.5 **Nebelschallzeichen** s. Handbuch für Brücke und Kartenhaus.

2.6 **Befeuerte Messgeräte, Bohr- und Förderanlagen usw.** Im Schelfgebiet vor den Küsten ist immer mit befeuerten Messgeräten, Bohr- und Förderanlagen zu rechnen. Diese sind im Lfv. nicht aufgeführt. Näheres s. Handbuch für Brücke und Kartenhaus.

3   Leuchtfeuer in deutschen Küstengewässern

3.1   Brennzeit

Bis auf wenige Ausnahmen (z. B. Einfahrtsfeuer von Sportboothäfen) brennen alle Feuer das ganze Jahr hindurch von Sonnenuntergang bis Sonnenaufgang. In besonderen Fällen werden einzelne Feuer auch am Tage gezeigt.

3.2   Feuer

In Deutschland findet das „Maritime Betonnungssystem der IALA (Region A)" Anwendung. Ausführliche Angaben über Form, Farbe, Kennungen usw. dieser Schifffahrtszeichen enthält das Handbuch für Brücke und Kartenhaus.

Als Feuerkennungen erhalten:

L e u c h t t ü r m e und festgegründete Feuer an H a u p t a n s t e u e r u n g s - oder Hauptortungspunkten weißes Blitz-, Blink- oder unterbrochenes Feuer;

G r o ß t o n n e n weißes Gleichtakt- oder unterbrochenes Feuer.

Für L e i t f e u e r gilt in der Regel

Leitsektor   vorzugsweise weißes Festfeuer,

Warnsektor   grünes Festfeuer oder ungerade Zahl weißer Blitze an Steuerbordseite
                  rotes Festfeuer oder gerade Zahl weißer Blitze an Backbordseite des im
                  Leitsektor auf das Feuer zusteuernden Fahrzeugs.

Für R i c h t f e u e r gilt in der Regel

– unterbrochenes Feuer mit Einzelunterbrechungen,
– Gleichtaktfeuer.

Richtfeuer sind in der Regel gleichgängig; die Feuer zeigen zur gleichen Zeit die gleiche Kennung.

Für Torfeuer wird in der Regel weißes Festfeuer gewählt.

Für Quermarkenfeuer gilt in der Regel

– Festfeuer oder unterbrochenes Feuer mit Einzelunterbrechungen.

3.3 Richtfeuer

Die Leuchten einiger Richtfeuer bestehen aus Scheinwerfern. Ihr Licht ist ohne feste Begrenzung im Fahrwasser beiderseits der Richtlinie sichtbar. Solche Richtfeuer sind mit dem Vermerk „Lichtstark in der Rcht-F-L." bezeichnet.

4 Leuchtfeuer in den ausländischen Gewässern

4.1 Dänemark

Die dänischen Feuer brennen von 15 Minuten nach Untergang bis 15 Minuten vor Aufgang der Sonne das ganze Jahr hindurch, wenn darüber unter „Bemerkungen" nichts anderes angegeben ist.

Die Feuerhöhe ist bezogen auf den mittleren Wasserstand.

Die Feuer brennen auch am Tage bei schlechter Sicht oder wenn sie aus anderen Gründen eine Hilfe für die Schifffahrt sein können.

Gefahrensignale. Feuerträger, bei denen in der Seekarte der Vermerk SS (Danger) bzw. SS (Gef.) eingetragen ist, senden bei gefährlicher Annäherung von Fahrzeugen automatisch das Schallsignal Mo (U) 30 s.

4.2 Schweden

Die Leuchtfeuer mit ständiger Bewachung brennen von 15 Minuten nach Untergang bis zum Aufgang der Sonne während des ganzen Jahres, ausgenommen, wenn wegen Eis innerhalb ihrer Sichtweite die Schifffahrt eingestellt ist.

Die unbewachten Feuer (einschließlich Leuchttonnen) brennen das ganze Jahr hindurch, soweit die Schifffahrt wegen der Eisverhältnisse nicht eingestellt ist oder im Lfv. nicht andere Zeiten angegeben sind.

Einige wichtige Feuer sowie die durch eine Selenzelle gesteuerten Aga- oder Dalén-Feuer brennen bei Nebel usw. auch am Tage.

Die Brennzeiten der Feuer sind ebenfalls in der rechten Spalte aufgeführt.

Tagesfeuer sind Feuer, die ununterbrochen am Tage und in der Nacht brennen.

Feuer mit verschiedenfarbigen Sektoren zeigen gewöhnlich das weiße Licht über dem tiefsten Fahrwasser, welches in der Richtung auf das Feuer zu an Backbord durch einen roten und an Steuerbord durch einen grünen oder Dunkelsektor begrenzt wird. In dem Falle, wo der weiße Sektor nur einige Grade umfasst, geht die Grenze zwischen dem weißen und dem farbigen oder Dunkelsektor oft nahe an der Untiefe vorbei, weshalb man sich in der Mitte des weißen Sektors halten muss. Zudem führt der weiße Sektor eines Feuers häufig nur frei von einem Teil der Untiefen.

Die Sektorengrenzen verschiedenfarbiger Feuer sowohl der mit Dunkelsektoren ausgestatteten Feuer sind niemals scharf, so dass Winkel entstehen können, in denen einmal die Farbe schlecht auszumachen ist, zum anderen die Lichtsektoren in die Dunkelsektoren hineinreichen. Sind die Laternenscheiben mit Wasser, Schnee oder Eis bedeckt, vergrößert sich der Umfang dieser Unsicherheitswinkel. Die farbigen Sektoren können im letzteren Falle als weiß erscheinen.

Warnung. Aus den oben angeführten Gründen ist, um sicher navigieren zu können, eine genaue Kenntnis der Fahrwasser sowie der Anordnung der Leuchtfeuer erforderlich. Zudem ist größte Vorsicht beim Passieren von Feuern geboten. Der Schiffsort muss dabei durch Peilungen nach in der Nähe liegenden Feuern bestimmt werden.

Beobachtete Störungen an Schifffahrtszeichen und Nebelschallsignalanlagen sind dem Sjöfartsverket oder der nächsten Küstenfunkstelle zur Weiterleitung zu melden.

Nebelschallzeichen werden nicht gegeben, wenn die Schifffahrt im Abstand bis zu 6 sm durch Eis behindert ist.

5 Nenntragweite, Tragweite und geographische Sichtweite

5.1 Nenntragweite

International ist festgelegt worden, die Tragweite der Feuer für einen Sichtwert = 0,74, der einer meteorologischen Sichtweite am Tage von 10 sm entspricht, anzugeben und als Nenntragweite zu bezeichnen. Die Tragweite eines Feuers bei anderen meteorologischen Sichtweiten und seine Lichtstärke lassen sich aus der Tafel auf S. 16 ablesen.

Aufbau der Tafel. Die meteorologische Sichtweite = Horizontalsichtweite am Boden (in km) wird von den Wetterstationen nach dem internationalen Wetterschlüssel gegeben (in der Tafel die eingekreisten Zahlen 0 bis 9). Die Abszissen der Tafel enthalten die Nenntragweite (in sm) und die Lichtstärke (in cd), die Ordinaten die Tragweite (in sm).

Sind die Nenntragweite und die Horizontalsichtweite am Boden bekannt, kann der Benutzer die der Sicht entsprechende Tragweite der Tafel entnehmen.

Anleitung für die Benutzung der Tafel auf S. 16: Ist die Nenntragweite eines Feuers z. B. mit 20 sm angegeben, so wird man dieses Feuer bei der meteorologischen Sichtweite von 5,4 sm in einem Abstand von 12,5 sm sehen. Die Lichtstärke dieses Feuers beträgt 110 000 cd.

5.2 Tragweite

Unter Tragweite versteht man denjenigen Abstand, in dem ein Feuer einen eben noch deutlichen Lichteindruck am Auge des Beobachters hervorruft; die Tragweite ist u. a. abhängig von der Lichtstärke des Feuers und dem Sichtwert (= Lichtdurchlässigkeit der Atmosphäre).

5.3 Sichtweite

Unter geographischer Sichtweite versteht man denjenigen Abstand, aus dem man ein in bestimmter Höhe über dem Meeresspiegel befindliches Ziel eben noch über die Kimm hinweg erblicken kann; die geographische Sichtweite eines Feuers ist also abhängig von der Feuerhöhe und der Augeshöhe des Beobachters. Aus der Tafel auf S. 17 und 18 kann bei bestimmter Feuerhöhe die Sichtweite in sm (1 sm = 1852 m) für verschiedene Augeshöhen entnommen werden, und zwar unter Berücksichtigung der terrestrischen Strahlenbrechung bei durchschnittlichen atmosphärischen Verhältnissen.

Abstand eines Feuers in der Kimm
Sichtweite in Seemeilen

Feuer-höhe in Meter	Augeshöhe in Meter											
	0	1	2	3	4	5	6	7	8	9	10	11
2	2,9	5,0	5,9	6,5	7,1	**7,6**	8,0	8,4	8,8	9,1	9,5	9,8
4	4,1	6,2	7,1	7,7	8,3	**8,8**	9,2	9,6	10,0	10,4	10,7	11,0
6	5,1	7,1	8,0	8,7	9,2	**9,7**	10,1	10,5	10,9	11,3	11,6	11,9
8	5,9	7,9	8,8	9,4	10,0	**10,5**	10,9	11,3	11,7	12,1	12,4	12,7
10	6,5	8,6	9,5	10,1	10,7	**11,2**	11,6	12,0	12,4	12,8	13,1	13,4
12	7,2	9,2	10,1	10,8	11,3	**11,8**	12,2	12,6	13,0	13,4	13,7	14,0
14	7,7	9,8	10,7	11,3	11,9	**12,4**	12,8	13,2	13,6	14,0	14,3	14,6
16	8,3	10,4	11,2	11,9	12,4	**12,9**	13,3	13,8	14,1	14,5	14,8	15,1
18	8,8	10,9	11,7	12,4	12,9	**13,4**	13,9	14,3	14,6	15,0	15,3	15,6
20	9,3	11,3	12,2	12,8	13,4	**13,9**	14,3	14,7	15,1	15,5	15,8	16,1
22	9,7	11,8	12,6	13,3	13,8	**14,3**	14,8	15,2	15,6	15,9	16,3	16,6
24	10,1	12,2	13,1	13,7	14,3	**14,8**	15,2	15,6	16,0	16,4	16,7	17,0
26	10,6	12,6	13,5	14,1	14,7	**15,2**	15,6	16,0	16,4	16,8	17,1	17,4
28	11,0	13,0	13,9	14,5	15,1	**15,6**	16,0	16,4	16,8	17,2	17,5	17,8
30	11,3	13,4	14,3	14,9	15,5	**16,0**	16,4	16,8	17,2	17,5	17,9	18,2
32	11,7	13,8	14,6	15,3	15,8	**16,3**	16,8	17,2	17,6	17,9	18,3	18,6
34	12,1	14,1	15,0	15,7	16,2	**16,7**	17,1	17,5	17,9	18,3	18,6	18,9
36	12,4	14,5	15,3	16,0	16,6	**17,0**	17,5	17,9	18,3	18,6	19,0	19,3
38	12,8	14,8	15,7	16,3	16,9	**17,4**	17,8	18,2	18,6	19,0	19,3	19,6
40	13,1	15,2	16,0	16,7	17,2	**17,7**	18,2	18,6	18,9	19,3	19,6	20,0
42	13,4	15,5	16,3	17,0	17,6	**18,0**	18,5	18,9	19,3	19,6	20,0	20,3
44	13,7	15,8	16,7	17,3	17,9	**18,4**	18,8	19,2	19,6	19,9	20,3	20,6
46	14,0	16,1	17,0	17,6	18,2	**18,7**	19,1	19,5	19,9	20,2	20,6	20,9
48	14,3	16,4	17,3	17,9	18,5	**19,0**	19,4	19,8	20,2	20,6	20,9	21,2
50	14,6	16,7	17,6	18,2	18,8	**19,3**	19,7	20,1	20,5	20,8	21,2	21,5
55	15,4	17,4	18,3	18,9	19,5	**20,0**	20,4	20,8	21,2	21,6	21,9	22,2
60	16,0	18,1	19,0	19,6	20,2	**20,7**	21,1	21,5	21,9	22,2	22,6	22,9
65	16,7	18,8	19,6	20,3	20,8	**21,3**	21,8	22,2	22,5	22,9	23,2	23,6
70	17,3	19,4	20,2	20,9	21,5	**21,9**	22,4	22,8	23,2	23,5	23,9	24,2
75	17,9	20,0	20,9	21,5	22,1	**22,6**	23,0	23,4	23,8	24,1	24,5	24,8
80	18,5	20,6	21,4	22,1	22,7	**23,1**	23,6	24,0	24,4	24,7	25,1	25,4
85	19,1	21,2	22,0	22,7	23,2	**23,7**	24,2	24,6	24,9	25,3	25,6	26,0
90	19,6	21,7	22,6	23,2	23,8	**24,3**	24,7	25,1	25,5	25,8	26,2	26,5
95	20,2	22,2	23,1	23,8	24,3	**24,8**	25,2	25,7	26,0	26,4	26,7	27,0
100	20,7	22,8	23,6	24,3	24,8	**25,3**	25,8	26,2	26,6	26,9	27,2	27,6
110	21,7	23,8	24,6	25,3	25,9	**26,3**	26,8	27,2	27,6	27,9	28,3	28,6
120	22,7	24,7	25,6	26,3	26,8	**27,3**	27,7	28,2	28,5	28,9	29,2	29,5
130	23,6	25,7	26,5	27,2	27,7	**28,2**	28,7	29,1	29,5	29,8	30,1	30,5
140	24,5	26,6	27,4	28,1	28,6	**29,1**	29,6	30,0	30,3	30,7	31,0	31,4
150	25,4	27,4	28,3	28,9	29,5	**30,0**	30,4	30,8	31,2	31,6	31,9	32,2
160	26,2	28,3	29,1	29,8	30,3	**30,8**	31,3	31,7	32,0	32,4	32,7	33,0
170	27,0	29,1	29,9	30,6	31,1	**31,6**	32,1	32,5	32,8	33,2	33,5	33,9
180	27,8	29,8	30,7	31,4	31,9	**32,4**	32,8	33,2	33,6	34,0	34,3	34,6
190	28,5	30,6	31,5	32,1	32,7	**33,2**	33,6	34,0	34,4	34,7	35,1	35,4
200	29,3	31,3	32,2	32,9	33,4	**33,9**	34,3	34,8	35,1	35,5	35,8	36,1

Abkürzungen

Abkürzungen für Kennungen siehe unter 1.2

Abkürzung	Bedeutung	Abkürzung	Bedeutung
Bb.	Backbord	N-L.	Nebelleuchte
bl.	blau	N-S.	Nebelschallsignal
br.	braun	N-Such-F.	Nebelsuchfeuer
cd	Candela	NW	Niedrigwasser(stand)
E	Ost (geogr. Länge)	O, O-lich	Ost, östlich
Fi.	Fischerfeuer	O-F.	Oberfeuer
Forts.	Fortsetzung	or.	orange
g.	gelb	QD.	Quecksilberdampflampe
geogr.	geographisch		(grünlich-weiß)
ger.	geringer(e)	r.	rot
Gl.	Glocke(n)	r-gn-r.	roter Anstrich mit
gn.	grün		grünem Band
gn-r-gn.	grüner Anstrich	Rcht-F.	Richtfeuer
	mit rotem Band	Rcht-F-L.	Richtfeuer in Linie
gr.	grau	s.	schwarz
g-s.	gelb über schwarz	s	Sekunde (Zeit)
g-s-g.	gelber Anstrich	s-g.	schwarz über gelb
	mit schwarzem Band	s-g-s.	schwarzer Anstrich
h	Stunde (Uhrzeit)		mit gelbem Band
Hilfs-F.	Hilfsfeuer	S, S-lich	Süd, südlich
Hl.	Heuler	Shb.	Seehandbuch
hor	horizontal (waagerecht)	skr.	senkrecht
HW	Hochwasser(stand)	sm	Seemeile
Int. Nr.	Internationale Nummer	SMG	Sichtweitenmessgerät
kbl	Kabellänge	s. Nr.	siehe Nummer
km	Kilometer	s. S.	siehe Seite
Lcht-Fl.	Leuchtfloß	s-r-s.	schwarzer Anstrich
Lt-F.	Leitfeuer		mit rotem Band
m	Meter	Stb.	Steuerbord
MHW	Mittleres Hochwasser	Tg-F.	Tagesfeuer
min	Minute (Zeit)	Tw.	Tragweite
MThw	mittlerer Tidehoch-	U-F.	Unterfeuer
	wasserstand	vert	vertical (senkrecht)
MTnw	mittlerer Tideniedrig-	viol.	violett
	wasserstand	W, W-lich	West, westlich
MW	Mittelwasser	w.	weiß
MW Stand	Mittlerer Wasserstand	Warn-F.	Warnfeuer
N, N-lich	Nord, nördlich	wgr.	waagerecht
ND.	Natriumdampflampe (gelb)	Wdk.	Wiederkehr
Nenn-Tw.	Nenntragweite	zrst.	zerstört
NF	Nautischer Funkdienst	ztwl.	zeitweilig
N-F.	Nebelfeuer	ztws.	zeitweise

Toppzeichen: □, ▭, ▯, △, ▽, ◇, ○, ×, ⚐, ⚑, ⚐, ⚒, ⚒, ◊, ⌂, 8.

□ = Flagge, ▷ = Stander, Wimpel

Deutschland – Flensburger Förde

Nummer Int. Nr.	Name Feuerträger (Höhe über Erdboden) Breite Länge	Kennung/Wiederk. Zeitmaße Sektoren	Nenn-Tw.	Höhe Bemerkungen
00020 C 1100	Gammel-Pøl (DK) w., runder Turm (11 m) mit r. Band 54° 53' N 010° 04' E	Oc (3) WRG. 15 s (2)+1+(2)+1+(2)+7 s W 166,5°–320, R –008, G –036,5, W –049, R –166,5°	14/10/10 M	20 m
00100 C 1104	Kegnæs (DK) g., runder Turm (18 m), auf der S-Huk von Alsen 54° 51' N 009° 59' E	Oc. WRG. 5 s (1)+4 s R 217°–266,5, G –273, W –289,5, R –337, G –026, W –044, R –050,5, G –075, W –080, R –102,5°	14/10/10 M	32 m
00300 C 1113	Kalkgrund r., runder Turm mit 2 w. Bändern, 3 Galerien, flaches Dach (24 m), angestrahlt 54° 50' N 009° 53' E	Iso. WRG. 8 s W 012°–062, R –084, W –100, R –120, W –131,5, G –157, W –164, R –190, W –252,6, G –258, W –265, R –292, W –308, R –012° Horn Mo (FS) 30 s 13,5+(16,5) s	14/13/12 M	22 m
00540 C 1115	Geltinger Bucht: – Gelting, Mole, U-F. Gittermast mit w. △, r. umrandet (10 m) 54° 45' N 009° 52' E	Iso. 4 s Rcht-F-L. 208° Gleichgängig ztws.	7 M	13 m
00541 C 1115.1	– – Oberfeuer Gittermast mit w. ▽, r. umrandet (13 m), 40 m vom U-F.	Iso. 4 s	7 M	16 m

(handschriftlich: —Morse (Foxtrot Sierra))

(handschriftlich: M : Meilen / m : meter)

Deutschland – Schlei

Nummer Int. Nr.	Name Feuerträger (Höhe über Erdboden) Breite / Länge	Kennung/Wiederk. Zeitmaße / Sektoren	Nenn-Tw.	Höhe Bemerkungen
01700 C 1186	**Schleimünde, N-Mole, Kopf** w., runder Turm mit s. Band (14 m), angestrahlt, S-lich vom w. Wärter- und Lotsengebäude 54° 40' N 010° 02' E	**LFl (3) WR. 20 s** 2+(3)+2+(3)+2+(8) s R 144,5°–201 (Tw.10 M), W –275 (Tw.14 M), W –296 (Tw.12 M), R –006 (Tw.10 M), W –100° (Tw.6 M) **Horn Mo (SN) 30 s** 13+(17) s	6–14 M	14 m
01740 C 1188	**– Unterfeuer** w. Pfahl (5 m), neben der Dampferbrücke 54° 40' N 010° 02' E	**Oc. 4 s** (1)+3 s **(T)** Gelöscht Rcht-F.-L. 107,5° Gleichgängig 040°–175°	9 M	6 m
01741 C 1188.1	**– Oberfeuer** w. Mast (6 m), 90 m vom U-F. 54° 40' N 010° 02' E	**Oc. 4 s** (1)+3 s **(T) Oc. WRG. 4 s** (1)+3 s G 104,5°–106,5, W –108,5, R –110,5°	9 M	8 m 8 m
01900 C 1196	**Olpenitz:** **– Unterfeuer** gr. Mast mit w., r. umrandetem △ (10 m), an der S-Seite des Hafens 54° 39' N 010° 02' E	**LFl. R. 8 s** 2+(6) s Lichtstark in der Rcht-F.-L. 271,5° Gleichgängig	13 M	14 m
01901 C 1196.1	**– Oberfeuer** gr. Mast mit w., r. umrandetem ▽ (21 m), 200 m vom U-F. 54° 39' N 010° 02' E	**LFl. R. 8 s** 2+(6) s	13 M	25 m

Deutschland – Kieler Bucht

Nummer Int. Nr.	Name Feuerträger (Höhe über Erdboden) Breite / Länge	Kennung/Wiederk. Zeitmaße / Sektoren	Nenn-Tw.	Höhe Bemerkungen
	Damp:			
02100 C 1202	**– N-Mole** s-w. Mast (8 m), auf einem Dalben vor dem Kopf 54° 35' N · 010° 02' E	**Fl. G. 4 s** 0,5+(3,5) s	**3 M**	**8 m**
02110 C 1203	**– S-Mole** r-w. Mast (8 m), auf einem Dalben vor dem Kopf 54° 35' N · 010° 02' E	**Fl (2) R. 5 s** 0,5+(0,5)+0,5+(3,5) s	**3 M**	**8 m**
02130 C 1203.4	**– N-Sandfänger** s-g. Mast mit ⚐ 54° 35' N · 010° 02' E	**Q**		**6 m**
02200 C 1206	**Eckernförde** gr. Turm (27 m) mit zwei r. Plattformen 54° 28' N · 009° 51' E	**Oc. WRG. 4 s** (1)+3 s G 237°–242,0 (Tw. 18 M), W –244,5 (Tw. 21 M), R –251° (Tw. 17 M), **Fl (2) 9 s** 1+(2)+1+(5) s 251°–268° (Tw. 21 M) **F. WR.** W 180°–193 (Tw. 12 M), R –208 (Tw. 8 M), W –237° (Tw. 12 M)	**21/18/17 M**	**36 m**

Deutschland – Kieler Förde

Nummer Int. Nr.	Name Feuerträger (Höhe über Erdboden) Breite Länge	Kennung/Wiederk. Zeitmaße Sektoren	Nenn-Tw. 	Höhe Bemerkungen

02400 C 1215	**Kiel, Leuchtturm** r., runder Turm mit w. Band (33 m), auf einem etwa 50 m nach S und W verlaufenden gr. Unterbau, angestrahlt 54° 30' N 010° 16' E	**Iso. WRG. 6 s** **17/14/13 M** **29 m** W 148,5°–220, R –246,5, W –295, R –358, W –025,5, G –056, R 071–088, W –091,3, G –148,5° **Horn Mo (KI) 30 s** 15+(15) s

| 02600
C 1216 | **Bülk**
w. Turm mit s. Band und 2 Galerien
(25 m), Wärterhaus auf der Huk
54° 27' N   010° 12' E | **Fl. WRG. 3 s**   **14/11/10 M**   **29 m**
0,7+(2,3) s
W 127°–146, R –213, G –228, W –235,5,
R –238,5, W –262, G –043° |

| 02640
C 1230 | **Friedrichsort**
w. runder Turm mit gn-w. wgr.
gestreifter Galerie auf gn-w. wgr.
gestreiftem Unterbau (32 m),
angestrahlt
54° 23' N   010° 12' E | **Iso. WRG. 4 s**   **7/6/5 M**   **32 m**
G 171,5°–196, W –202 (Leitsektor einlaufend
ab Lcht-Tn. 3), R 209–224, W –280, G –300,
W –032, G –090°
N-F. F. Y
188°–209°, 019°–039° |

| 02641 | **– Nebenfeuer**
im Feuerträger 02640 | **F**   **6 M**
202°–209°
Leitsektor ab TSS Kiel Lighthouse |

| 02680
C 1220 | **Strander Bucht**
w. Mast mit s. Band (11 m), auf dem
Außenende der Spundwand (3 m)
des Jachthafens Schilksee
54° 26' N   010° 10' E | **Oc. WRG. 6 s**   **8/6/5 M**   **14 m**
(1)+5 s
G 170,5°–246, W –280,5, R –350,5° |

| 02880
C 1221.4 | **Wendtorf-Marina:**
– Wendtorf 14
r. Pfahl mit r. ☐
54° 25' N   010° 17' E | **Fl. R. 4 s**
1+(3) s |

Deutschland – Kieler Bucht

Nummer Int. Nr.	Name Feuerträger (Höhe über Erdboden) Breite · Länge	Kennung/Wiederk. Zeitmaße · Sektoren	Nenn-Tw.	Höhe Bemerkungen
04560	**Warn-F. Heidkate** r-w. Tm. 54° 26' N · 010° 19' E	**Fl. Y, Fl. R. 5 s** 0,1+(4,9) s Fl. Y Schießbetrieb im Warngebiet Todendorf, Fl. R Schießbetrieb im Warngebiet Putlos, Fl. YR Schießbetrieb in den Warngebieten Todendorf und Putlos **Al. Fl. YR. 5 s** ztws.		
04580	**Warn-F. Hubertsberg** r-w. Tm. 54° 23' N · 010° 33' E	**Fl. Y, Fl. R. 5 s** 0,1+(4,9) s **Al. Fl. YR. 5 s** ztws. s. Nr. 04560		
	Møn s. Nr. 26700 Arkona s. Nr. 18800			
04600 C 1276	**Warn-F. Neuland** gr. Tm. 54° 22' N · 010° 36' E	**Fl Y, Fl. R. 5 s** 0,1+(4,9) s **Al. Fl. YR. 5 s** brennt nur am Tage s. Nr. 04560		
04680	**Warn-F. Wessek** r-w. Tm. 54° 19' N · 010° 48' E	**Fl. Y, Fl. R. 5 s** 0,1+(4,9) s ztws. **Al. Fl. YR. 5 s** s. Nr. 04560		
04780	**Warn-F. Blankeck** r-w. Tm. 54° 21' N · 010° 52' E	**Fl. Y, Fl. R. 5 s** 0,1+(4,9) s ztws. **Al. Fl. YR. 5 s** s. Nr. 04560		
04790	**Warn-F. Heiligenhafen** r-w. Tm. 54° 23' N · 010° 56' E	**Fl. Y. 5 s** 0,1+(4,9) s ztws. **Al. Fl. YR. 5 s** s. Nr. 04560		

Deutschland – Fehmarnsund

Nummer Int. Nr.	Name Feuerträger (Höhe über Erdboden) Breite Länge	Kennung/Wiederk. Zeitmaße Sektoren	Nenn-Tw.	Höhe Bemerkungen

Rødby s. Nr. 25600

04900
C 1288.1

Flügge
r-w. wgr. gestreifter Turm (37 m),
SO-lich und NW-lich je ein r. Haus
O-F. s. Nr. 05141
54° 26' N   011° 01' E

Oc (4) 20 s   **17 M**   **38 m**
(1,5)+2,5+(1,5)+2,5+(1,5)+2,5+(1,5)+6,5 s
245°–180°

05000
C 1312

Orth
gr. Stahlrohr (5 m), auf dem Kopf der
O-Mole
54° 27' N   011° 03' E

Oc. WRG. 4 s   **6/5/4 M**   **6 m**
(1)+3 s
G 346°–348, W –350, R –352°

W-lich des R Sektors und O-lich des G Sektors
ist im Abstand bis etwa 1,2 M vom Feuer
schwach Oc. 4 s zu sehen

05080
C 1300

Fehmarnsund-Brücke
Pfeiler VI, an der N-Seite der
Durchfahrt
54° 24' N   011° 07' E

Oc. WRG. 4 s   **8/6/5 M**   **23 m**
(1)+3 s
G 074,5°–086, W –094, R –108°
N-F. F.Y
075°–110°, 250°–315°

Deutschland – Fehmarn

Nummer Int. Nr.	Name Feuerträger (Höhe über Erdboden) Breite Länge	Kennung/Wiederk. Zeitmaße Sektoren	Nenn-Tw.	Höhe Bemerkungen
05140 C 1288	**Strukkamphuk, U-F.** w., runder Turm (5 m), etwa 3,3 sm vom O-F. 54° 25' N 011° 06' E	**Iso. WR. 3 s** W 292,5°–317,5 (Tw 8 M), –037 (Tw. 3 M), –157 (Tw. 8 M), R –177° (Tw. 6 M) Rcht-F.-L. 305° Lichtstark in der Rcht-F.-L.		7 m
05141 C 1288.1	**Flügge, O-F.** Feuerträger s. Nr. 04900	**F**	25 M	37 m
05200 C 1328	**Heiligenhafen** r. Turm mit Plattform, w. Laterne (13 m), daneben und dahinter r. und w. niedrige Wohnhäuser 54° 22' N 011° 01' E	**Oc (2) WRG. 9 s** (1)+2+(1)+5 s G 100–206°, W –212,2, R –250°	13/10/9 M	16 m
05240 C 1336	**– Unterfeuer** w. Mast (11 m) mit w., r. umrandetem △, auf der O-Mole des Außenhafens 54° 22' N 011° 00' E	**Oc. 4 s** (1)+3 s Lichtstark in der Rcht-F.-L. 268,5° Gleichgängig	17 M	13 m
05241 C 1338	**– Oberfeuer** w., r. umrandetes ▽ an einem gr. Silo (in 15 m Höhe), 312 m vom U-F.	**Oc. 4 s** (1)+3 s	17 M	19 m
05280 C 1329	**Warder, U-F.** w. Mast mit r. △ (14 m) 54° 23' N 010° 59' E	**Iso. 3 s** Lichtstark in der Rcht-F.-L. 279,2° Gleichgängig	17 M	13 m
05281 C 1329.1	**– Oberfeuer** w. Mast mit r. ▽ (16 m), 195 m vom U-F.	**Iso. 3 s**	17 M	18 m

Deutschland – Fehmarn

Nummer Int. Nr.	Name Feuerträger (Höhe über Erdboden) Breite Länge	Kennung/Wiederk. Nenn-Tw. Höhe Zeitmaße Sektoren Bemerkungen
05320 C 1280	**Westermarkelsdorf** g. Turm mit r. Laterne (17 m), vor g. Gebäude 54° 32' N 011° 04' E	**LFl. WR. 10 s** **18/14 M** **16 m** 2,5+(7,5) s R 031°–054, W –200, R –231, W –254, R –260°
05360 C 1281	**Puttgarden, U-F.** r-w. wgr. gestreifter Mast mit w., r. umrandetem △ 54° 30' N 011° 14' E	**Oc. WRG. 4 s** **8/6/5 M** **18 m** (1)+3 s G 146°–183, W –227, R –264° Rcht-F-L. 205° Gleichgängig
05361 C 1281.1	**– Oberfeuer** r-w. wgr. gestreifter Mast mit w., r. umrandetem ▽, 380 m vom U-F. 54° 30' N 011° 14' E	**Oc. 4 s** **9 M** **29 m**
05500 C 1284	**Marienleuchte** r., runder Turm mit 2 w. Bändern und Galerie (33 m), an der NO-Küste der Insel 54° 30' N 011° 14' E	**Fl (4) WR. 15 s** **22/18 M** **40 m** 0,2+(2,8)+0,2+(2,8)+0,2+(2,8)+0,2+(5,8) s R 118°–146, W –173, R –223,3, W –333°
05540 C 1286	**Staberhuk** g. Turm, r. Laterne (22 m), S-lich davon r. Ziegelbau mit kleinem, gr. Aufbau mit r. Dach, 2 Hütten mit r. Ziegeldach; auf der SO-Huk der Insel 54° 24' N 011° 19' E	**Oc (2) WG. 16 s** **18/14 M** **25 m** (1)+3+(1)+11 s W 175°–063,5, G –071,5, W –090°
05580 C 1326	**Burgstaaken, Mole, Kopf** w. Mast mit s. Plattform (8 m) 54° 24' N 011° 12' E	**Oc (3) WR. 12 s** **8/5 M** **9 m** (1)+2+(1)+2+(1)+5 s R 252°–282, W –021, R –042, W –186°

Deutschland – Lübecker Bucht

Nummer Int. Nr.	Name Feuerträger (Höhe über Erdboden) Breite	Länge	Kennung/Wiederk. Zeitmaße	Sektoren	Nenn-Tw. 	Höhe Bemerkungen
05900 C 1342	Dahmeshöved achteckiger Turm mit r. Laterne (28 m), daneben g. Wärterhaus und r. Beobachtungsturm (18 m) 54° 12' N	011° 06' E	Fl (3) 12 s 0,8+(2,2)+0,8+(2,2)+0,8+(5,2) s 176,3°–068,3°		23 M	33 m

Dänemark – Ærø, Langeland

Nummer Int. Nr.	Name Feuerträger (Höhe über Erdboden) Breite	Länge	Kennung/Wiederk. Zeitmaße	Sektoren	Nenn-Tw. 	Höhe Bemerkungen
25000 C 1082	Vejsnæs Nakke w. Mast (9 m) mit r. Band, auf der Huk 54° 49' N	010° 26' E	Oc. WRG. 5 s (1)+4 s G 210°–252, W –337, R –352, G –007, W –210°		7/4/4 M	24 m
25400 C 1708	Bagenkop, W-Mole, Kopf gn. Gittermast (10 m), angestrahlt 54° 45' N	010° 40' E	Fl. G. 3 s Sirene 30 s 5+(25) s Fi.		4 M	6 m
25420 C 1710	– Unterfeuer gr. Gitterturm (7 m) mit r. △ 54° 45' N	010° 40' E	Iso. WRG. 4 s G 079°–099, W –106, R –126° Rcht-F-L. 102,3° Gleichgängig		8/5/5 M	10 m
25421 C 1710.1	– – Oberfeuer gr. Gittermast (15 m) mit r. ▽, 66 m vom U-F.		Iso. 4 s 077,3°–127,3°		6 M	13 m
25500 C 1706	Keldsnor w., viereckiger Turm mit r. Laterne (34 m), am Strand auf dem SO-Ende von Langeland 54° 44' N	010° 43' E	Fl (2) 20 s 0,5+(4,5)+0,5+(14,5) s Sichtbar im Fahrwasser O-, S- und W-lich Ivon Langeland bis zu einer Linie vom Feuer nach Vejsnæs Nakke und in der Vejsnæs-Bucht Unter der W-Küste von Langeland verdeckt in größerem oder geringerem Abstand von der Küste durch die Hügel auf Langeland von 098° bis 135° Verdeckt durch Fakkebjerg von 124° bis 126°, in größerer Entfernung		21 M	39 m

Dänemark – Lolland

Nummer Int. Nr.	Name Feuerträger (Höhe über Erdboden) Breite Länge	Kennung/Wiederk. Zeitmaße Sektoren	Nenn-Tw.	Höhe Bemerkungen
25600 C 2216	**Rødby, U-F.** r. Gitterturm mit r. △ 54° 39' N 011° 21' E	**Iso. R. 2 s** Rcht-F-L. 045,2° 030,2°–060,2°	**6 M**	**17 m**
25601 C 2216.1	**– Oberfeuer** gr. Gitterturm mit r. ▽, 300 m vom U-F.	**Iso. R. 4 s**	**6 M**	**25 m**

Dänemark – Storebælt/Tiefwasserweg

Nummer Int. Nr.	Name Feuerträger (Höhe über Erdboden) Breite Länge	Kennung/Wiederk. Zeitmaße Sektoren	Nenn-Tw.	Höhe Bemerkungen
38180 C 1673.6	**Langelandsbælt S-DW 54** r., runder Mast (10 m) mit Plattform 54° 48' N 010° 50' E	**Fl. RG. 3 s** 0,75+(2,25) s R 024,5°–181,5, G –024,5°	**8/8 M**	**10 m**
38240 C 1673.3	**Højbjerg E-DW 55** gn., runder Mast (10 m) mit Plattform, angestrahlt 54° 53' N 010° 50' E	**Fl. RG. 5 s** 1+(4) s R 002,5°–201, G –002,5°	**5/5 M**	**10 m**

Dänemark – Storebælt/Nakskov Fjord

Nummer	Name	Kennung/Wiederk.	Nenn-Tw.	Höhe
Int. Nr.	Feuerträger (Höhe über Erdboden)	Zeitmaße	Sektoren	Bemerkungen
	Breite Länge			

39100	**Albuen**	**Iso. WRG. 8 s**	**13/9/9 M**	**11 m**
C 1716.1	w., runder Turm (13 m), an der W-Seite von Lolland, auf der NW-Huk der Halbinsel	R 332,5°–053,5, G –108,5, W –163, R –283°		
	54° 50' N 010° 58' E			
39180	**Enehøje, U-F.**	**Iso. 2 s**	**8 M**	**16 m**
C 1718	or. Dreibein mit △ (16 m), an der W-Seite der Insel			
	54° 50' N 011° 01' E			
		Rcht-F-L. 120,1°		
39181	**– Oberfeuer**	**Iso. 4 s**	**8 M**	**22 m**
C 1718.1	or. Gittermast mit ▽ (22 m), 380 m vom U-F.			
	Tårs Gravede Rende:			
39960	**– Unterfeuer**	**F. R**	**8 M**	**10 m**
C 1712	gr. Gittermast mit or. △ (7 m)			
	54° 53' N 011° 02' E			
		Rcht-F-L. 085°		
39961	**– Oberfeuer**	**F. R**	**8 M**	**14 m**
C 1712.1	gr. Gittermast mit or. ▽ (15 m), 118 m vom U-F.			

Namenliste der Leuchtfeuer und Großtonnen

Name	Nr.	Int. Nr.	Name	Nr.	Int. Nr.
Albuen	39100	C 1716.1	Olpenitz:		
			– Unterfeuer	01900	C 1196
Bagenkop, W-Mole, Kopf	25400	C 1708	– Oberfeuer	01901	C 1196.1
– Unterfeuer	25420	C 1710	Orth	05000	C 1312
– Oberfeuer	25421	C 1710.1			
Bülk	02600	C 1216	Puttgarden, U - F.	05360	C 1281
Burgstaaken, Mole, Kopf	05580	C 1326	– Oberfeuer	05361	C 1281.1
Dahmeshöved	05900	C 1342	Rødby, U-F.	25600	C2216
Damp:			– Oberfeuer	25601	C2216.1
– N-Mole	02100	C 1202			
– S-Mole	02110	C 1203	Schleimünde, N-Mole, Kopf	01700	C 1186
– N-Sandfänger	02130	C 1203.4	– Unterfeuer	01740	C 1188
			– Oberfeuer	01741	C 1188.1
Eckernförde	02200	C 1206	Staberhuk	05540	C 1286
Enehøje, U-F.	39180	C 1718	Strander Bucht	02680	C 1220
– Oberfeuer	39181	C 1718.1	Strukkamphuk, U-F.	05140	C 1288
Fehmarnsund-Brücke	05080	C 1300	Tårs Gravede Rende:		
Flügge	04900	C 1288.1	– Unterfeuer	39960	C 1712
Flügge, O-F.	05141	C 1288.1	– Oberfeuer	39961	C 1712.1
Friedrichsort	02640	C 1230			
– Nebenfeuer	02641		Vejsnæs Nakke	25000	C 1082
Gammel-Pøl	00020	C 1100	Warder, U-F.	05280	C 1329
Geltinger Bucht:			– Oberfeuer	05281	C 1329.1
– Gelting, Mole, U-F.	00540	C 1115	Warn-F. Blankeck	04780	
– Oberfeuer	00541	C 1115.1	Warn-F. Heidkate	04560	
			Warn-F. Heiligenhafen	04790	
Heiligenhafen	05200	C 1328	Warn-F. Hubertsberg	04580	
– Unterfeuer	05240	C 1336	Warn-F. Neuland	04600	C 1276
– Oberfeuer	05241	C 1338	Warn-F. Wessek	04680	
Højbjerg E-DW 55	38240	C 1673.3	Wendtorf-Marina:		
			– Wendtorf 14	02880	C 1221.4
Kalkgrund	00300	C 1113	Westermarkelsdorf	05320	C 1280
Kegnæs	00100	C 1104			
Keldsnor	25500	C 1706			
– Nebenfeuer	25502	C 1707			
Kiel, Leuchtturm	02400	C 1215			
Langelandsbælt S-DW 54	38180	C 1673.6			
Marienleuchte	05500	C 1284			

ADMIRALTY
CHARTS AND PUBLICATIONS

**ADMIRALTY LIST OF
LIGHTS AND FOG SIGNALS**

SOUTHERN AND EASTERN SIDES
OF THE NORTH SEA

VOL **B**

NP 75

2004/05

Admiralty

LIST OF LIGHTS

and Fog Signals

VOLUME **B** 2004/05

SOUTHERN AND EASTERN SIDES OF THE NORTH SEA

INCLUDING THE COAST OF NORWAY
TO LATITUDE 60°55′ N

*Amended to Admiralty Notices to Mariners Weekly Edition
No 20/04 dated 13th May 2004*

Published by the United Kingdom Hydrographic Office
© *Crown Copyright 2004*

ABBREVIATIONS USED IN ADMIRALTY LIST OF LIGHTS

AHP	Above head of passes (in miles)
AIS	Automatic Identification System Station
Al	Alternating
bl	Blast
Bu	*Blue*
CALM	Catenary Anchor Leg Mooring
Dia	Diaphone
Dir Lt	Direction Light
E	East
ec	Eclipse (phase)
ED	Existence Doubtful
ENE	East Northeast
ESE	East Southeast
Explos	Explosive fog signal
F	Fixed
FFl	Fixed and flashing
FFl(. .)	Fixed and group flashing
Fl	Flashing
Fl(. .)	Group flashing
fl	Flash (phase)
Fog Det Lt	Fog Detector Light
FPSO	Floating Production Storage and Offloading facility
FSO	Floating Storage and Offloading facility
FSU	Floating Storage Unit
G	*Green*
GRP	Glass Reinforced Plastic
HFPB	High Focal Plane Buoy
(hor)	Horizontal
I	Interrupted
Intens	Intensified sector
Irreg	Irregular
Iso	Isophase
Lanby	Large Automatic Navigational Buoy
Lat	Latitude
Ldg Lts	Leading Lights
LED	Light Emitting Diode
LFl	Long flash
Lit	Light (no details known)
Long	Longitude
lt	Light (phase)
Lt F	Light-float
Lt V	Light-vessel
Lts in line	Lights in line
M	Sea miles
m	Metres
min	Minutes
Mo	Morse code light or fog signal
MV	Mercury vapour discharge lamp, *greenish-white* in colour

N	North
NE	Northeast
NNE	North Northeast
NNW	North Northwest
NW	Northwest
Oc	Occulting
Oc(. .)	Group occulting
Occas	Occasional
(P)	Provisional, preliminary
PA	Position approximate
PEL	Port Entry Light
Q	Quick flashing
R	*Red*
Ra refl	Radar reflector
Racon	Radar responder beacon
Ramark	Radar beacon (continuous)
Rot	Rotating
RTE	Radar Target Enhancer
S	South
s	Seconds
SBM	Single Buoy Mooring
SE	Southeast
si	Silence
SPM	Single Point Mooring
SSE	South Southeast
SSW	South Southwest
St	Saint
SV	Sodium vapour discharge lamp, *orange* in colour
SW	Southwest
(T)	Temporary
TD	Fog signal temporarily discontinued
TE	Light temporarily extinguished
TR	Racon temporarily discontinued
Unintens	Unintensified sector
UQ	Ultra quick flashing
(var)	Varying
(vert)	Vertical
Vi	*Violet*
Vis	Visible
VQ	Very quick flashing
W	West
W	*White*
Whis	Whistle
WNW	West Northwest
WSW	West Southwest
Y	*Yellow, amber* or *orange*

INTRODUCTORY REMARKS

Admiralty List of Lights and Fog Signals for the world is issued in eleven volumes, divided geographically as shown on the Index Chart on the final page. The volumes are re-published annually.

Light buoys of a height of 8 metres or greater may be listed. Some with a height of less than 8 metres are occasionally included in the List. Those light buoys which the General Lighthouse Authorities or other National responsible authorities consider to be of primary navigational significance are also listed. However, the largest scale Admiralty Chart should always be consulted.

Mobile Oil, Gas and Drilling Platforms are not normally listed.

The date to which a volume has been amended will be found on the title page. The more important amendments to lights are issued as Notices to Mariners for the updating of charts, *but it is emphasised that many alterations to lights, especially those of a* **temporary but operational nature** *are promulgated* **only** as amendments to the List of Lights.

The system of amendment is described inside the front cover.

Note.—Amendments are not made to copies of the List of Lights stocked by the United Kingdom Hydrographic Office, Admiralty Chart Agents or Admiralty Chart Maintenance Units, *and copies received from these sources should be amended from Section V of Admiralty Notices to Mariners before being brought into use.*

INTERNATIONAL NUMBERS OF LIGHTS

The numbers assigned to lights in Admiralty List of Lights, prefixed by the Volume letter, are the International Numbers, in accordance with the resolutions of the International Hydrographic Organisation.

These letter-figure combinations should be quoted whenever lights are referred to.

GENERAL INFORMATION

Information is tabulated as follows:—

Int. No (1)	Location - Name (2)	Lat Long (3)	Characteristics (4)	Elevation metres (5)	Range miles (6)	Structure Height in metres (7)	Remarks (8)

Column 1: Contains the International Number of each light.

Column 2: Location, name.

Place is printed in CAPITALS.

The names of lights having a range of **15 miles and over** are printed in **bold type;** those of less than 15 miles range are printed in roman type; those of light-vessels in *ITALIC CAPITALS* and those of all other floating lights in *italics.*

Column 3: Latitude and longitude are approximate.

Column 4: Characteristics and intensity.

Column 5: Elevation in metres.

Column 6: Range in sea miles, in **bold type** if of **15 miles or more,** and in roman type if less.

Column 7: Description of structure and its height in metres.

Column 8: Remarks. Phase, sectors, arcs of visibility. Minor lights.

The layout of column headings is shown inside the front cover.

Rounding Rules: The following rounding rules are applied to the range, elevation and structure height; 0·5M/m rounded down, 0·6M/m rounded up.

Phase is expressed in seconds where known unless otherwise stated; it is printed in *italics.*

The durations of light and darkness are those for which the apparatus was designed. In practice they are subject to some degree of fluctuation, due to slight variations in the working speed of the apparatus. The duration of a flash may also appear to be less than normal when seen from a great distance, and haze has the same apparent effect.

The limits of sectors and of arcs of visibility, and the alignment of direction lights and leading lights are given **as seen by an observer from seaward. All bearings refer to the true compass and are measured clockwise from 000 to 359.**

Racons and Ramarks are included in the List of Lights when they are situated at a light-station. For details of Coast Radio Stations, Radar Stations and other Radio Beacons, reference must be made to the relevant volume of the Admiralty Lists of Radio Signals.

Weather, ice, storm, danger, tide, tidal stream, traffic and port signals may be mentioned when they are shown at a light-station but full details will be found in the relevant Admiralty Sailing Directions.

viii

GEOGRPHICAL RANGE TABLE

Elevation in m	Height of Eye of Observer in metres											
	0	1	2	3	4	5	6	7	8	9	10	11
	Range in Sea Miles											
2	2,9	5,0	5,9	6,5	7,1	**7,6**	8,0	8,4	8,8	9,1	9,5	9,8
4	4,1	6,2	7,1	7,7	8,3	**8,8**	9,2	9,6	10,0	10,4	10,7	11,0
6	5,1	7,1	8,0	8,7	9,2	**9,7**	10,1	10,5	10,9	11,3	11,6	11,9
8	5,9	7,9	8,8	9,4	10,0	**10,5**	10,9	11,3	11,7	12,1	12,4	12,7
10	6,5	8,6	9,5	10,1	10,7	**11,2**	11,6	12,0	12,4	12,8	13,1	13,4
12	7,2	9,2	10,1	10,8	11,3	**11,8**	12,2	12,6	13,0	13,4	13,7	14,0
14	7,7	9,8	10,7	11,3	11,9	**12,4**	12,8	13,2	13,6	14,0	14,3	14,6
16	8,3	10,4	11,2	11,9	12,4	**12,9**	13,3	13,8	14,1	14,5	14,8	15,1
18	8,8	10,9	11,7	12,4	12,9	**13,4**	13,9	14,3	14,6	15,0	15,3	15,6
20	9,3	11,3	12,2	12,8	13,4	**13,9**	14,3	14,7	15,1	15,5	15,8	16,1
22	9,7	11,8	12,6	13,3	13,8	**14,3**	14,8	15,2	15,6	15,9	16,3	16,6
24	10,1	12,2	13,1	13,7	14,3	**14,8**	15,2	15,6	16,0	16,4	16,7	17,0
26	10,6	12,6	13,5	14,1	14,7	**15,2**	15,6	16,0	16,4	16,8	17,1	17,4
28	11,0	13,0	13,9	14,5	15,1	**15,6**	16,0	16,4	16,8	17,2	17,5	17,8
30	11,3	13,4	14,3	14,9	15,5	**16,0**	16,4	16,8	17,2	17,5	17,9	18,2
32	11,7	13,8	14,6	15,3	15,8	**16,3**	16,8	17,2	17,6	17,9	18,3	18,6
34	12,1	14,1	15,0	15,7	16,2	**16,7**	17,1	17,5	17,9	18,3	18,6	18,9
36	12,4	14,5	15,3	16,0	16,6	**17,0**	17,5	17,9	18,3	18,6	19,0	19,3
38	12,8	14,8	15,7	16,3	16,9	**17,4**	17,8	18,2	18,6	19,0	19,3	19,6
40	13,1	15,2	16,0	16,7	17,2	**17,7**	18,2	18,6	18,9	19,3	19,6	20,0
42	13,4	15,5	16,3	17,0	17,6	**18,0**	18,5	18,9	19,3	19,6	20,0	20,3
44	13,7	15,8	16,7	17,3	17,9	**18,4**	18,8	19,2	19,6	19,9	20,3	20,6
46	14,0	16,1	17,0	17,6	18,2	**18,7**	19,1	19,5	19,9	20,2	20,6	20,9
48	14,3	16,4	17,3	17,9	18,5	**19,0**	19,4	19,8	20,2	20,6	20,9	21,2
50	14,6	16,7	17,6	18,2	18,8	**19,3**	19,7	20,1	20,5	20,8	21,2	21,5
55	15,4	17,4	18,3	18,9	19,5	**20,0**	20,4	20,8	21,2	21,6	21,9	22,2
60	16,0	18,1	19,0	19,6	20,2	**20,7**	21,1	21,5	21,9	22,2	22,6	22,9
65	16,7	18,8	19,6	20,3	20,8	**21,3**	21,8	22,2	22,5	22,9	23,2	23,6
70	17,3	19,4	20,2	20,9	21,5	**21,9**	22,4	22,8	23,2	23,5	23,9	24,2
75	17,9	20,0	20,9	21,5	22,1	**22,6**	23,0	23,4	23,8	24,1	24,5	24,8
80	18,5	20,6	21,4	22,1	22,7	**23,1**	23,6	24,0	24,4	24,7	25,1	25,4
85	19,1	21,2	22,0	22,7	23,2	**23,7**	24,2	24,6	24,9	25,3	25,6	26,0
90	19,6	21,7	22,6	23,2	23,8	**24,3**	24,7	25,1	25,5	25,8	26,2	26,5
95	20,2	22,2	23,1	23,8	24,3	**24,8**	25,2	25,7	26,0	26,4	26,7	27,0
100	20,7	22,8	23,6	24,3	24,8	**25,3**	25,8	26,2	26,6	26,9	27,2	27,6
110	21,7	23,8	24,6	25,3	25,9	**26,3**	26,8	27,2	27,6	27,9	28,3	28,6
120	22,7	24,7	25,6	26,3	26,8	**27,3**	27,7	28,2	28,5	28,9	29,2	29,5
130	23,6	25,7	26,5	27,2	27,7	**28,2**	28,7	29,1	29,5	29,8	30,1	30,5
140	24,5	26,6	27,4	28,1	28,6	**29,1**	29,6	30,0	30,3	30,7	31,0	31,4
150	25,4	27,4	28,3	28,9	29,5	**30,0**	30,4	30,8	31,2	31,6	31,9	32,2
160	26,2	28,3	29,1	29,8	30,3	**30,8**	31,3	31,7	32,0	32,4	32,7	33,0
170	27,0	29,1	29,9	30,6	31,1	**31,6**	32,1	32,5	32,8	33,2	33,5	33,9
180	27,8	29,8	30,7	31,4	31,9	**32,4**	32,8	33,2	33,6	34,0	34,3	34,6
190	28,5	30,6	31,5	32,1	32,7	**33,2**	33,6	34,0	34,4	34,7	35,1	35,4
200	29,3	31,3	32,2	32,9	33,4	**33,9**	34,3	34,8	35,1	35,5	35,8	36,1

North Sea — Germany

		N/E		metres	miles		
1052	*German Bight Lt F*	54 10·8 7 27·6	Iso W 8s	12	**17**	Red hull marked G-B 12	Shown by day when fog signal is operating. Racon. Floodlit
	-	. .	Horn Mo(R) 30s	. .	. .	. .	Sounded continuously

North Sea — Germany — Die Jade

		N/E		metres	miles		
	WANGEROOGE						
1112	- **Wangerooge.** W end	53 47·4 7 51·4	Fl R 5s	60	**23**	Red round tower, 2 white bands, enclosed gallery 64	*fl 0·1*
	---	. .	F WR	24	**W15** **R11**	Same structure	W055°-060·5°(5·5°), R060·5°-065·5°(5°), W065·5°-071°(5·5°)
	--- Dir Lt	. .	Dir F WRG	24	**W22** **G18** **R17**	Same structure	G119·4°-138·8°(19·4°), W138·8°-152·2°(13·4°), R152·2°-159·9°(7·7°)
1113	- W Breakwater. Head	53 46·3 7 51·9	F R	3	4	Red mast and lantern 3	
1113·2	- O-Damn	53 46·4 7 52·1	F G	3	3	Green mast and lantern 3	
1114	-	53 47·3 7 54·9	Aero Fl W 3s	16	. .	. .	Occas
	WANGEROOGE FAHRWASSER						
1122	- **Mellumplate.** Dir Lt 116°15′	53 46·3 8 05·6	F W	28	**24**	Red square tower, white band, round base 30	Vis 116·1°-116·4°(0·3°) Ldg sector for outer part of Wangerooger Fahrwasser
	---	. .	Fl W 4s	. .	**23**	. .	*fl 1.* Vis 114°-115·2°(1·2°)
	---	. .	Fl(4)W 15s	. .	. .	. .	*(fl 1, ec 2) × 3, fl 1, ec 5.* Vis 117·2°-118·4°(1·2°)
	---	. .	Mo(A)W 7·5s	. .	. .	. .	*A in 4·5s.* Vis 115·2°-116·1°(0·9°) Ldg sector
	---	. .	Mo(N)W 7·5s	. .	. .	. .	*N in 4·5s.* Vis 116·4°-117·2°(0·8°) Ldg sector. Helicopter platform

North Sea — Germany — Die Weser

		N/E		metres	miles		
1188	**Alte Weser**	53 51·8 8 07·7	F WRG	33	**W23** **R19** **G18**	Red round tower with broad top, 2 white bands, green lantern, black base	W288°-352°(64°), R352°-003°(11°), W003°-017°(14°) Ldg sector for Alte Weser, G017°-045°(28°), W045°-074°(29°), G074°-118°(44°), W118°-123°(5°) Ldg sector for Alte Weser, R123°-140°(17°), G140°-175°(35°), W175°-183°(8°), R183°-196°(13°), W196°-238°(42°). Fog Det Lt
	-	. .	Horn Mo(AL) 60s	. .	. .	. .	*AL in 17s*
1196	**Tegeler Plate.** N end	53 47·9 8 11·5	Oc(3)WRG 12s	21	**W21** **R17** **G16**	Red round tower, projecting gallery and white lantern, red roof 24	*(ec 1, lt 2) × 2, ec 1, lt 5.* W329°-340°(11°), R340°-014°(34°), W014°-100°(86°), G100°-116°(16°), W116°-119°(3°) Ldg sector for Neue Weser, R119°-123°(4°), G123°-144°(21°), W144°-147°(3°) Ldg sector for Alte Weser, R147°-264°(117°). Fog Det Lt. Ra refl

North Sea — Germany

		N/E		metres	miles		
	HELGOLAND						
1312	- **Helgoland**	54 11·0 7 53·0	Fl W 5s	82	**28**	Brown square brick tower, black lantern, white balcony 34	*fl 0·1.* F R on radio masts 180m SSE and 740m NNW
1318	- VORHAFEN. E Mole. S elbow	54 10·4 7 54·0	Oc WG 6s	5	W 6 G 3	Green mast 2	*ec 1.* W203°-250°(47°), G250°-109°(219°). Fog Det Lt
1318·2	- - - Head	54 10·4 7 53·9	F G	7	3	Green mast 2	Vis 289°-180°(251°)
1320	- - S Mole. Head	54 10·3 7 54·0	Oc(2)R 12s	7	4	Red mast 2	*ec 1, lt 3, ec 1, lt 7.* Vis 101°-334°(233°)
1324	- BINNENHAFEN. Ldg Lts 302°12′. W Pier. Front	54 10·8 7 53·4	Oc R 6s	8	6	△ on white mast, red bands 7	*ec 1*
1324·1	- - - Rear. 50m from front	54 10·8 7 53·4	Oc R 6s	10	6	▽ on white mast, red bands 6	Synchronized with front
1325	- - E side entrance	54 10·7 7 53·5	F WR	5	W 6 R 4	Red mast 3	R040°-238°(198°), W238°-270°(32°). Fog Det Lt 500m SW
1325·2	- - W side entrance	54 10·8 7 53·5	F WG	5	W 6 G 3	Green mast 2	W248°-254°(6°), G254°-102°(208°)
1326	- DÜNE. Ldg Lts 020°. Front	54 10·9 7 54·9	Iso W 4s	11	8	Red △ on framework mast and platform 14	Intens on leading line
1326·1	- - - Rear. 120m from front	54 11·0 7 54·9	Iso WRG 4s	17	W11 R10 G10	Red round tower, white band 15	G010°-018·5°(8·5°), W018·5°-021°(2·5°), R021°-030°(9°), G106°-125°(19°), W125°-130°(5°), R130°-144°(14°). Synchronized with front
1328	- - Dünenhafen. W Mole. Head	54 11·0 7 54·3	F R	5	4	Red mast 2	Vis 294°-172°(238°)
	BÜSUM						
1605	- Approaches. Bielshovensand Northwestwards	54 07·0 8 41·0	Fl(5)Y 20s	. .	. .	Pole	
1606	- **Büsum.** W side of fishing harbour	54 07·7 8 51·6	Iso WR 6s	22	**W19** R12	Red tower, white bands 22	W248°-317°(69°), R317°-024°(67°), W024°-148°(124°)
1609	- W Mole. Head	54 07·2 8 51·6	Oc(3)R 12s	10	4	Red tower 6	*(ec 1, lt 2) × 2, ec 1, lt 5.* Vis 186°-120°(294°). F W Fog Det Lt
1610	- E Mole. Head	54 07·2 8 51·7	Oc(3)G 12s	10	4	Green tower 9	*(ec 1, lt 2) × 2, ec 1, lt 5.* Vis 260°-168°(268°)
1612	- Ldg Lts 355°06′. Front	54 07·5 8 51·6	Iso W 4s	9	13	Black mast, white bands 7	

Admiralty List of Lights and Fog Signals Volume B 2004/5

Hinweis: Die in diesem **Band B** (Volume B) dem einzelnen Leuchtfeuer zugeordnete Nummer ist die internationale Nummer, der jeweils der Buchstabe **B** voranzustellen ist.

Index - Namenliste

Steuertafel

MgK		Abl	mwK		Abl
○		○	○		○
000	–	4	000	–	3
010	–	1	010	–	1
020	+	2	020	+	2
030	+	5	030	+	4
040	+	7	040	+	6
050	+	9	050	+	7
060	+	10	060	+	9
070	+	11	070	+	10
080	+	12	080	+	11
090	+	11	090	+	11
100	+	10	100	+	11
110	+	9	110	+	10
120	+	8	120	+	9
130	+	8	130	+	8
140	+	6	140	+	7
150	+	5	150	+	6
160	+	4	160	+	4
170	+	4	170	+	4
180	+	6	180	+	5
190	+	7	190	+	6
200	+	7	200	+	7
210	+	6	210	+	7
220	+	5	220	+	6
230	+	3	230	+	4
240	+	2	240	+	2
250		0	250		0
260	–	3	260	–	4
270	–	5	270	–	6
280	–	7	280	–	9
290	–	9	290	–	10
300	–	10	300	–	11
310	–	11	310	–	11
320	–	11	320	–	10
330	–	10	330	–	9
340	–	9	340	–	8
350	–	7	350	–	6
360	–	4	360	–	3

In Minuten zurückgelegte Seemeilen

Fahrt in kn

min	16	17	18	19	20	21	22	23	24	25	26	27	28	29	30
1	0,3	0,3	0,3	0,3	0,3	0,4	0,4	0,4	0,4	0,4	0,4	0,5	0,5	0,5	0,5
2	0,5	0,6	0,6	0,6	0,7	0,7	0,7	0,8	0,8	0,8	0,9	0,9	0,9	1,0	1,0
3	0,8	0,9	0,9	1,0	1,0	1,1	1,1	1,2	1,2	1,3	1,3	1,4	1,4	1,5	1,5
4	1,1	1,1	1,2	1,3	1,3	1,4	1,5	1,5	1,6	1,7	1,7	1,8	1,9	1,9	2,0
5	1,3	1,4	1,5	1,6	1,7	1,8	1,8	1,9	2,0	2,1	2,2	2,3	2,3	2,4	2,5
6	1,6	1,7	1,8	1,9	2,0	2,1	2,2	2,3	2,4	2,5	2,6	2,7	2,8	2,9	3,0
7	1,9	2,0	2,1	2,2	2,3	2,5	2,6	2,7	2,8	2,9	3,0	3,2	3,3	3,4	3,5
8	2,1	2,3	2,4	2,5	2,7	2,8	2,9	3,1	3,2	3,3	3,5	3,6	3,7	3,9	4,0
9	2,4	2,6	2,7	2,9	3,0	3,2	3,3	3,5	3,6	3,8	3,9	4,1	4,2	4,4	4,5
10	2,7	2,8	3,0	3,2	3,3	3,5	3,7	3,8	4,0	4,2	4,3	4,5	4,7	4,8	5,0
11	2,9	3,1	3,3	3,5	3,7	3,9	4,0	4,2	4,4	4,6	4,8	5,0	5,1	5,3	5,5
12	3,2	3,4	3,6	3,8	4,0	4,2	4,4	4,6	4,8	5,0	5,2	5,4	5,6	5,8	6,0
13	3,5	3,7	3,9	4,1	4,3	4,6	4,8	5,0	5,2	5,4	5,6	5,9	6,1	6,3	6,5
14	3,7	4,0	4,2	4,4	4,7	4,9	5,1	5,4	5,6	5,8	6,1	6,3	6,5	6,8	7,0
15	4,0	4,3	4,5	4,8	5,0	5,3	5,5	5,8	6,0	6,3	6,5	6,8	7,0	7,3	7,5
16	4,3	4,5	4,8	5,1	5,3	5,6	5,9	6,1	6,4	6,7	6,9	7,2	7,5	7,7	8,0
17	4,5	4,8	5,1	5,4	5,7	6,0	6,2	6,5	6,8	7,1	7,4	7,7	7,9	8,2	8,5
18	4,8	5,1	5,4	5,7	6,0	6,3	6,6	6,9	7,2	7,5	7,8	8,1	8,4	8,7	9,0
19	5,1	5,4	5,7	6,0	6,3	6,7	7,0	7,3	7,6	7,9	8,2	8,6	8,9	9,2	9,5
20	5,3	5,7	6,0	6,3	6,7	7,0	7,3	7,7	8,0	8,3	8,7	9,0	9,3	9,7	10,0
21	5,6	6,0	6,3	6,7	7,0	7,4	7,7	8,1	8,4	8,8	9,1	9,5	9,8	10,2	10,5
22	5,9	6,2	6,6	7,0	7,3	7,7	8,1	8,4	8,8	9,2	9,5	9,9	10,3	10,6	11,0
23	6,1	6,5	6,9	7,3	7,7	8,1	8,4	8,8	9,2	9,6	10,0	10,4	10,7	11,1	11,5
24	6,4	6,8	7,2	7,6	8,0	8,4	8,8	9,2	9,6	10,0	10,4	10,8	11,2	11,6	12,0
25	6,7	7,1	7,5	7,9	8,3	8,8	9,2	9,6	10,0	10,4	10,8	11,3	11,7	12,1	12,5
26	6,9	7,4	7,8	8,2	8,7	9,1	9,5	10,0	10,4	10,8	11,3	11,7	12,1	12,6	13,0
27	7,2	7,7	8,1	8,6	9,0	9,5	9,9	10,4	10,8	11,3	11,7	12,2	12,6	13,1	13,5
28	7,5	7,9	8,4	8,9	9,3	9,8	10,3	10,7	11,2	11,7	12,1	12,6	13,1	13,5	14,0
29	7,7	8,2	8,7	9,2	9,7	10,2	10,6	11,1	11,6	12,1	12,6	13,1	13,5	14,0	14,5
30	8,0	8,5	9,0	9,5	10,0	10,5	11,0	11,5	12,0	12,5	13,0	13,5	14,0	14,5	15,0
31	8,3	8,8	9,3	9,8	10,3	10,9	11,4	11,9	12,4	12,9	13,4	14,0	14,5	15,0	15,5
32	8,5	9,1	9,6	10,1	10,7	11,2	11,7	12,3	12,8	13,3	13,9	14,4	14,9	15,5	16,0
33	8,8	9,4	9,9	10,5	11,0	11,6	12,1	12,7	13,2	13,8	14,3	14,9	15,4	16,0	16,5
34	9,1	9,6	10,2	10,8	11,3	11,9	12,5	13,0	13,6	14,2	14,7	15,3	15,9	16,4	17,0
35	9,3	9,9	10,5	11,1	11,7	12,3	12,8	13,4	14,0	14,6	15,2	15,8	16,3	16,9	17,5
36	9,6	10,2	10,8	11,4	12,0	12,6	13,2	13,8	14,4	15,0	15,6	16,2	16,8	17,4	18,0
37	9,9	10,5	11,1	11,7	12,3	13,0	13,6	14,2	14,8	15,4	16,0	16,7	17,3	17,9	18,5
38	10,1	10,8	11,4	12,0	12,7	13,3	13,9	14,6	15,2	15,8	16,5	17,1	17,7	18,4	19,0
39	10,4	11,1	11,7	12,4	13,0	13,7	14,3	15,0	15,6	16,3	16,9	17,6	18,2	18,9	19,5
40	10,7	11,3	12,0	12,7	13,3	14,0	14,7	15,3	16,0	16,7	17,3	18,0	18,7	19,3	20,0
41	10,9	11,6	12,3	13,0	13,7	14,4	15,0	15,7	16,4	17,1	17,8	18,5	19,1	19,8	20,5
42	11,2	11,9	12,6	13,3	14,0	14,7	15,4	16,1	16,8	17,5	18,2	18,9	19,6	20,3	21,0
43	11,5	12,2	12,9	13,6	14,3	15,1	15,8	16,5	17,2	17,9	18,6	19,4	20,1	20,8	21,5
44	11,7	12,5	13,2	13,9	14,7	15,4	16,1	16,9	17,6	18,3	19,1	19,8	20,5	21,3	22,0
45	12,0	12,8	13,5	14,3	15,0	15,8	16,5	17,3	18,0	18,8	19,5	20,3	21,0	21,8	22,5
46	12,3	13,0	13,8	14,6	15,3	16,1	16,9	17,6	18,4	19,2	19,9	20,7	21,5	22,2	23,0
47	12,5	13,3	14,1	14,9	15,7	16,5	17,2	18,0	18,8	19,6	20,4	21,2	21,9	22,7	23,5
48	12,8	13,6	14,4	15,2	16,0	16,8	17,6	18,4	19,2	20,0	20,8	21,6	22,4	23,2	24,0
49	13,1	13,9	14,7	15,5	16,3	17,2	18,0	18,8	19,6	20,4	21,2	22,1	22,9	23,7	24,5
50	13,3	14,2	15,0	15,8	16,7	17,5	18,3	19,2	20,0	20,8	21,7	22,5	23,3	24,2	25,0
51	13,6	14,5	15,3	16,2	17,0	17,9	18,7	19,6	20,4	21,3	22,1	23,0	23,8	24,7	25,5
52	13,9	14,7	15,6	16,5	17,3	18,2	19,1	19,9	20,8	21,7	22,5	23,4	24,3	25,1	26,0
53	14,1	15,0	15,9	16,8	17,7	18,6	19,4	20,3	21,2	22,1	23,0	23,9	24,7	25,6	26,5
54	14,4	15,3	16,2	17,1	18,0	18,9	19,8	20,7	21,6	22,5	23,4	24,3	25,2	26,1	27,0
55	14,7	15,6	16,5	17,4	18,3	19,3	20,2	21,1	22,0	22,9	23,8	24,8	25,7	26,6	27,5
56	14,9	15,9	16,8	17,7	18,7	19,6	20,5	21,5	22,4	23,3	24,3	25,2	26,1	27,1	28,0
57	15,2	16,2	17,1	18,1	19,0	20,0	20,9	21,9	22,8	23,8	24,7	25,7	26,6	27,6	28,5
58	15,5	16,4	17,4	18,4	19,3	20,3	21,3	22,2	23,2	24,2	25,1	26,1	27,1	28,0	29,0
59	15,7	16,7	17,7	18,7	19,7	20,7	21,6	22,6	23,6	24,6	25,6	26,6	27,5	28,5	29,5
60	16,0	17,0	18,0	19,0	20,0	21,0	22,0	23,0	24,0	25,0	26,0	27,0	28,0	29,0	30,0
90	24,0	25,5	27,0	28,5	30,0	31,5	33,0	34,5	36,0	37,5	39,0	40,5	42,0	43,5	45,0
120	32,0	34,0	36,0	38,0	40,0	42,0	44,0	46,0	48,0	50,0	52,0	54,0	56,0	58,0	60,0
180	48,0	51,0	54,0	57,0	60,0	63,0	66,0	69,0	72,0	75,0	78,0	81,0	84,0	87,0	90,0
240	64,0	68,0	72,0	76,0	80,0	84,0	88,0	92,0	96,0	100,0	104,0	108,0	112,0	116,0	120,0

Fahrt in kn

min	1	2	3	4	5	6	7	8	9	10	11	12	13	14	15
1	0,0	0,0	0,1	0,1	0,1	0,1	0,1	0,1	0,2	0,2	0,2	0,2	0,2	0,2	0,3
2	0,0	0,1	0,1	0,1	0,2	0,2	0,2	0,3	0,3	0,3	0,4	0,4	0,4	0,5	0,5
3	0,1	0,1	0,2	0,2	0,3	0,3	0,4	0,4	0,5	0,5	0,6	0,6	0,7	0,7	0,8
4	0,1	0,1	0,2	0,3	0,3	0,4	0,5	0,5	0,6	0,7	0,7	0,8	0,9	0,9	1,0
5	0,1	0,2	0,3	0,3	0,4	0,5	0,6	0,7	0,8	0,8	0,9	1,0	1,1	1,2	1,3
6	0,1	0,2	0,3	0,4	0,5	0,6	0,7	0,8	0,9	1,0	1,1	1,2	1,3	1,4	1,5
7	0,1	0,2	0,4	0,5	0,6	0,7	0,8	0,9	1,1	1,2	1,3	1,4	1,5	1,6	1,8
8	0,1	0,3	0,4	0,5	0,7	0,8	0,9	1,1	1,2	1,3	1,5	1,6	1,7	1,9	2,0
9	0,2	0,3	0,5	0,6	0,8	0,9	1,1	1,2	1,4	1,5	1,7	1,8	2,0	2,1	2,3
10	0,2	0,3	0,5	0,7	0,8	1,0	1,2	1,3	1,5	1,7	1,8	2,0	2,2	2,3	2,5
11	0,2	0,4	0,6	0,7	0,9	1,1	1,3	1,5	1,7	1,8	2,0	2,2	2,4	2,6	2,8
12	0,2	0,4	0,6	0,8	1,0	1,2	1,4	1,6	1,8	2,0	2,2	2,4	2,6	2,8	3,0
13	0,2	0,4	0,7	0,9	1,1	1,3	1,5	1,7	2,0	2,2	2,4	2,6	2,8	3,0	3,3
14	0,2	0,5	0,7	0,9	1,2	1,4	1,6	1,9	2,1	2,3	2,6	2,8	3,0	3,3	3,5
15	0,3	0,5	0,8	1,0	1,3	1,5	1,8	2,0	2,3	2,5	2,8	3,0	3,3	3,5	3,8
16	0,3	0,5	0,8	1,1	1,3	1,6	1,9	2,1	2,4	2,7	2,9	3,2	3,5	3,7	4,0
17	0,3	0,6	0,9	1,1	1,4	1,7	2,0	2,3	2,6	2,8	3,1	3,4	3,7	4,0	4,3
18	0,3	0,6	0,9	1,2	1,5	1,8	2,1	2,4	2,7	3,0	3,3	3,6	3,9	4,2	4,5
19	0,3	0,6	1,0	1,3	1,6	1,9	2,2	2,5	2,9	3,2	3,5	3,8	4,1	4,4	4,8
20	0,3	0,7	1,0	1,3	1,7	2,0	2,3	2,7	3,0	3,3	3,7	4,0	4,3	4,7	5,0
21	0,4	0,7	1,1	1,4	1,8	2,1	2,5	2,8	3,2	3,5	3,9	4,2	4,6	4,9	5,3
22	0,4	0,7	1,1	1,5	1,8	2,2	2,6	2,9	3,3	3,7	4,0	4,4	4,8	5,1	5,5
23	0,4	0,8	1,2	1,5	1,9	2,3	2,7	3,1	3,5	3,8	4,2	4,6	5,0	5,4	5,8
24	0,4	0,8	1,2	1,6	2,0	2,4	2,8	3,2	3,6	4,0	4,4	4,8	5,2	5,6	6,0
25	0,4	0,8	1,3	1,7	2,1	2,5	2,9	3,3	3,8	4,2	4,6	5,0	5,4	5,8	6,3
26	0,4	0,9	1,3	1,7	2,2	2,6	3,0	3,5	3,9	4,3	4,8	5,2	5,6	6,1	6,5
27	0,5	0,9	1,4	1,8	2,3	2,7	3,2	3,6	4,1	4,5	5,0	5,4	5,9	6,3	6,8
28	0,5	0,9	1,4	1,9	2,3	2,8	3,3	3,7	4,2	4,7	5,1	5,6	6,1	6,5	7,0
29	0,5	1,0	1,5	1,9	2,4	2,9	3,4	3,9	4,4	4,8	5,3	5,8	6,3	6,8	7,3
30	0,5	1,0	1,5	2,0	2,5	3,0	3,5	4,0	4,5	5,0	5,5	6,0	6,5	7,0	7,5
31	0,5	1,0	1,6	2,1	2,6	3,1	3,6	4,1	4,7	5,2	5,7	6,2	6,7	7,2	7,8
32	0,5	1,1	1,6	2,1	2,7	3,2	3,7	4,3	4,8	5,3	5,9	6,4	6,9	7,5	8,0
33	0,6	1,1	1,7	2,2	2,8	3,3	3,9	4,4	5,0	5,5	6,1	6,6	7,2	7,7	8,3
34	0,6	1,1	1,7	2,3	2,8	3,4	4,0	4,5	5,1	5,7	6,2	6,8	7,4	7,9	8,5
35	0,6	1,2	1,8	2,3	2,9	3,5	4,1	4,7	5,3	5,8	6,4	7,0	7,6	8,2	8,8
36	0,6	1,2	1,8	2,4	3,0	3,6	4,2	4,8	5,4	6,0	6,6	7,2	7,8	8,4	9,0
37	0,6	1,2	1,9	2,5	3,1	3,7	4,3	4,9	5,6	6,2	6,8	7,4	8,0	8,6	9,3
38	0,6	1,3	1,9	2,5	3,2	3,8	4,4	5,1	5,7	6,3	7,0	7,6	8,2	8,9	9,5
39	0,7	1,3	2,0	2,6	3,3	3,9	4,6	5,2	5,9	6,5	7,2	7,8	8,5	9,1	9,8
40	0,7	1,3	2,0	2,7	3,3	4,0	4,7	5,3	6,0	6,7	7,3	8,0	8,7	9,3	10,0
41	0,7	1,4	2,1	2,7	3,4	4,1	4,8	5,5	6,2	6,8	7,5	8,2	8,9	9,6	10,3
42	0,7	1,4	2,1	2,8	3,5	4,2	4,9	5,6	6,3	7,0	7,7	8,4	9,1	9,8	10,5
43	0,7	1,4	2,2	2,9	3,6	4,3	5,0	5,7	6,5	7,2	7,9	8,6	9,3	10,0	10,8
44	0,7	1,5	2,2	2,9	3,7	4,4	5,1	5,9	6,6	7,3	8,1	8,8	9,5	10,3	11,0
45	0,8	1,5	2,3	3,0	3,8	4,5	5,3	6,0	6,8	7,5	8,3	9,0	9,8	10,5	11,3
46	0,8	1,5	2,3	3,1	3,8	4,6	5,4	6,1	6,9	7,7	8,4	9,2	10,0	10,7	11,5
47	0,8	1,6	2,4	3,1	3,9	4,7	5,5	6,3	7,1	7,8	8,6	9,4	10,2	11,0	11,8
48	0,8	1,6	2,4	3,2	4,0	4,8	5,6	6,4	7,2	8,0	8,8	9,6	10,4	11,2	12,0
49	0,8	1,6	2,5	3,3	4,1	4,9	5,7	6,5	7,4	8,2	9,0	9,8	10,6	11,4	12,3
50	0,8	1,7	2,5	3,3	4,2	5,0	5,8	6,7	7,5	8,3	9,2	10,0	10,8	11,7	12,5
51	0,9	1,7	2,6	3,4	4,3	5,1	6,0	6,8	7,7	8,5	9,4	10,2	11,1	11,9	12,8
52	0,9	1,7	2,6	3,5	4,3	5,2	6,1	6,9	7,8	8,7	9,5	10,4	11,3	12,1	13,0
53	0,9	1,8	2,7	3,5	4,4	5,3	6,2	7,1	8,0	8,8	9,7	10,6	11,5	12,4	13,3
54	0,9	1,8	2,7	3,6	4,5	5,4	6,3	7,2	8,1	9,0	9,9	10,8	11,7	12,6	13,5
55	0,9	1,8	2,8	3,7	4,6	5,5	6,4	7,3	8,3	9,2	10,1	11,0	11,9	12,8	13,8
56	0,9	1,9	2,8	3,7	4,7	5,6	6,5	7,5	8,4	9,3	10,3	11,2	12,1	13,1	14,0
57	1,0	1,9	2,9	3,8	4,8	5,7	6,7	7,6	8,6	9,5	10,5	11,4	12,4	13,3	14,3
58	1,0	1,9	2,9	3,9	4,8	5,8	6,8	7,7	8,7	9,7	10,6	11,6	12,6	13,5	14,5
59	1,0	2,0	3,0	3,9	4,9	5,9	6,9	7,9	8,9	9,8	10,8	11,8	12,8	13,8	14,8
60	1,0	2,0	3,0	4,0	5,0	6,0	7,0	8,0	9,0	10,0	11,0	12,0	13,0	14,0	15,0
90	1,5	3,0	4,5	6,0	7,5	9,0	10,5	12,0	13,5	15,0	16,5	18,0	19,5	21,0	22,5
120	2,0	4,0	6,0	8,0	10,0	12,0	14,0	16,0	18,0	20,0	22,0	24,0	26,0	28,0	30,0
180	3,0	6,0	9,0	12,0	15,0	18,0	21,0	24,0	27,0	30,0	33,0	36,0	39,0	42,0	45,0
240	4,0	8,0	12,0	16,0	20,0	24,0	28,0	32,0	36,0	40,0	44,0	48,0	52,0	56,0	60,0